Professores
PESQUISADORES

O VALOR DO PROFESSOR

Gabriel Perissé

Professores PESQUISADORES

autêntica

EDITORAS RESPONSÁVEIS
Rejane Dias
Cecília Martins

REVISÃO
Lívia Martins

CAPA
Alberto Bittencourt

DIAGRAMAÇÃO
Guilherme Fagundes

Dados Internacionais de Catalogação na Publicação (CIP)
(Câmara Brasileira do Livro, SP, Brasil)

Perissé, Gabriel
Professores pesquisadores / Gabriel Perissé. -- Belo Horizonte, MG : Autêntica Editora, 2024. -- (O valor do professor ; 6)

ISBN 978-65-5928-394-1

1. Pesquisa educacional 2. Professores - Formação I. Título. II. Série.

24-195659 CDD-370.71

Índice para catálogo sistemático:
1. Professores : Formação : Educação 370.71

Cibele Maria Dias - Bibliotecária - CRB-8/9427

Belo Horizonte
Rua Carlos Turner, 420
Silveira . 31140-520
Belo Horizonte . MG
Tel.: (55 31) 3465 4500

São Paulo
Av. Paulista, 2.073 . Conjunto Nacional
Horsa I . Salas 404-406 . Bela Vista
01311-940 . São Paulo . SP
Tel.: (55 11) 3034 4468

www.grupoautentica.com.br
SAC: atendimentoleitor@grupoautentica.com.br

Sumário

Sobre a coleção O valor do professor

Um dos maiores desafios da educação no século XXI está em formar e atualizar nossos professores, especialmente no que diz respeito à sua formação continuada. Além da formação inicial e da experiência própria, é necessário que todo docente reflita com frequência sobre sua prática cotidiana e que entre em contato com leituras que o ajudem a se aperfeiçoar como ser humano, cidadão e profissional.

Para que sua formação seja realmente continuada, a coleção O valor do professor apresenta 12 temas que o acompanharão durante 12 meses. Em cada volume, capítulos breves abordam questões relativas ao cuidado consigo mesmo, à pesquisa, à didática, à ética e à criatividade. São trinta capítulos, um para cada dia do mês, acompanhados por sugestões práticas e bibliografia para aprofundamento.

Em *Professores pesquisadores*, voltamos nossa atenção para uma atividade-raiz na vida docente. De fato, a nossa prática profissional, destituída de pesquisa, tende a perder originalidade e eficácia. Sem pesquisa, resta-nos acolher instruções passivamente ou mimetizar o que os nossos colegas mais criativos e experientes já fazem. Professores que pesquisam, por outro lado, além de estarem atualizados com relação aos conteúdos que ensinam, descobrem novas formas de abordá-los. A nossa criatividade não vem do nada, mas de uma busca pessoal constante e vibrante. Pesquisar significa fazer essa busca com objetivos bem definidos e verdadeiro interesse, a fim de obter maior clareza de ideias, convicções firmes e capacidade para desempenhar melhor nosso papel dentro da escola e na sala de aula.

Introdução

Pesquisar é preciso

Nossa atuação como professores se enriquece quando nos dedicamos a uma tarefa ainda mais importante do que ensinar. Essa tarefa fundamental, por estranho que isso possa soar aos nossos ouvidos, não é ensinar. É aprender.

Ensinaremos melhor se aprendermos mais e melhor. Se nos tornarmos pesquisadores. Trabalhamos na educação, não somente em razão de um utopismo, de um sonho pessoal de contribuir para a formação de crianças e jovens, e de adultos também. Esse trabalho envolve nosso próprio crescimento intelectual e nosso próprio aprendizado. Impossível crescer intelectualmente sem espírito de pesquisa.

É uma falácia a afirmação de que a maioria dos professores deve se dedicar unicamente à função de ensinar. Ninguém pode dar aquilo que não tem. A vitalidade e a criatividade da profissão docente são nutridas pela pesquisa. Como formaremos alunos capazes de fazer descobertas por conta própria, se nós mesmos não estivermos aptos a realizar tais descobertas com autonomia e entusiasmo? A nossa autoridade não advém do cargo em si, da posição e do papel reconhecidos pela sociedade. Advém da nossa maneira de pensar e viver. O que nos torna influenciadores convincentes é o modo como atuamos em coerência com a nossa visão de mundo.

Certamente a pesquisa não deve substituir a prática. Um dos perigos da *libido sciendi* mal compreendida, desse forte desejo de conhecer, é que nos tornemos obcecados pelo saber abstrato. O conhecimento é maravilhoso, mas de nada servirá para a escola, para os nossos alunos, se não estiver conectado com a vida cotidiana. Essa *libido* direcionada para projetos de pesquisa descolados do real pode nos dar motivos de orgulho, pode nos propiciar prestígio, publicações, prêmios, aplausos, homenagens... No entanto, a energia voltada exclusivamente para si mesma, para uma espécie de satisfação narcisista, quase nada ou muito pouco oferece à vida coletiva. Não alcança a realidade prática. Não se traduz em benefícios concretos para a sociedade.

Pesquisar é preciso, contanto que os resultados sejam extensíveis e comunicáveis. Pesquisas herméticas, ligadas ao interesse exclusivo de três ou quatro estudiosos, prejudicam mais do que ajudam. Portanto, no campo da pedagogia e da didática, trata-se de unir a *libido sciendi* a um outro apetite, que podemos chamar de *libido docendi*, isto é, o autêntico desejo de ensinar, de difundir o conhecimento de maneira compreensível.

Porém, e este é o nosso tema central, a *libido docendi* necessita da *libido discendi*, necessita do desejo de aprender. Um desejo que não se extingue. O professor e economista Cláudio de Moura Castro, aos 82 anos, concedendo uma entrevista, externava naquela ocasião a força desse desejo – "essa é a minha vida: aprender, aprender, aprender".

Quem pesquisa?

Há programas de pesquisa nas universidades, bem como em centros de investigação financiados por governos, em órgãos internacionais, fundações privadas, associações profissionais, movimentos sociais, organizações sindicais e em empresas.

Obviamente, todos esses espaços e os recursos de que dispõem só fazem sentido se houver pesquisadores com real capacidade de estudo. Por mais que nos encantemos com o poder da tecnologia e das inteligências artificiais, somente as inteligências reais, humanas, são capazes de formular perguntas, criar ideias, desenhar cenários futuros, questionar-se, descobrir o inusitado, admirar-se, indignar-se, classificar, elaborar teorias, analisar alternativas, transcender o óbvio, interpretar o mundo.

Quem pesquisa é aquela pessoa que valoriza a sua inteligência criadora e aproveita os recursos materiais à disposição para fazer com que sua inteligência seja ainda mais criadora.

Há uma certa queixa por parte dos educadores que se dedicam prioritariamente à pesquisa com relação aos educadores que se dedicam prioritariamente ao ensino. Os pesquisadores educacionais, por vezes, não se sentem ouvidos. Afirmam que os professores que atuam na prática poderiam resolver os muitos problemas que enfrentam, caso dessem mais crédito aos esforços e sugestões dos grupos de pesquisa.

Por outro lado, também os educadores da sala de aula têm suas queixas com relação aos professores que se encontram mergulhados no mundo da investigação acadêmica. Dizem agora, os educadores da sala de aula, que os teorizadores não conhecem a realidade prática, não "descem" até o mundo da escola, até o chão da escola, que se preocupam em demasia com o conhecimento especulativo, e que, por isso, pouco ou nada têm de relevante a comunicar.

São todos eles educadores, mas parece faltar conhecimento teórico ao pessoal da prática e, na outra ponta, parece faltar experiência prática ao pessoal da teoria.

A solução salomônica, que exige nova postura de ambas as partes, é que os educadores em contato com os problemas reais obtenham distanciamento teórico, e que os educadores perdidos na estratosfera das pesquisas generalistas aterrissem na escola real.

O pessoal da prática carece de teoria. O pessoal da teoria carece de prática. O pessoal que põe as mãos à obra carece de livros. O pessoal que vive folheando os livros carece de vivência concreta. Se estou no grupo pragmático, preciso encontrar tempo para a prática da pesquisa. Se estou no grupo da teoria, preciso encontrar tempo para sair da minha bolha idealista. Em suma, os dois grupos devem aprender a ser pesquisadores em sentido pleno. Todos nós devemos pesquisar, extraindo o máximo da vivência e o máximo da reflexão.

Sejamos práticos, pensemos em teorias adequadas mediante a pesquisa.

Sejamos teóricos, melhoremos nossas aulas mediante a pesquisa.

Voltando então à pergunta "quem pesquisa?", a resposta será: todos nós. Todos nós devemos ser pesquisadores. Refiro-me à pesquisa com significado ampliado. Pesquisa em que estejam vinculados entre si o conhecimento, a leitura, o estudo, os problemas do dia a dia escolar, as demandas urgentes e as preocupações profissionais.

Pesquisa em que a esfera da prática converse com a esfera da teoria.

Tudo isso compõe um discurso de bom senso. Não é difícil defender a síntese: teoria e prática de mãos dadas. O maior desafio é cada um de nós tornar essa proposta de "casamento" uma realidade viva. Em outras palavras, é preciso ser um pesquisador realista, engajado, cujas leituras, reflexões e textos colaborem para uma educação de qualidade, para uma formação docente que esteja à altura das questões do dia a dia nos ambientes em que ensinamos.

Se a pesquisa educacional é útil para o êxito de nosso trabalho de professores, a decisão coerente é sermos nós também pesquisadores. Os saberes provenientes da pesquisa podem nos ajudar, e muito, na hora em que experimentamos os dissabores inevitáveis da prática docente.

É sempre bom lembrar que nem todos os problemas no âmbito da educação irão se resolver com a pesquisa, por mais profunda, rigorosa, esclarecedora e pertinente que esta seja. Na vida docente real, gestores, dirigentes, mantenedores e governantes, cada qual com suas responsabilidades, têm o dever de nos dar assistência e apoio para que exerçamos nossa profissão com mais eficácia. Contudo, é importante deixar claro, igualmente, que são imprescindíveis as nossas iniciativas de autoaprimoramento.

Utilidades da pesquisa

Os frutos de uma pesquisa bem realizada são especialmente úteis e saborosos para o pesquisador; não só pelos resultados em si, mas, de modo especial, pelo tipo de ressonância que o rigoroso trabalho de pesquisa produz em sua mente e em sua personalidade.

Ao assumirmos a postura de pesquisadores, assumimos ao mesmo tempo uma série de compromissos. Um dos mais apreciáveis é o compromisso da honestidade intelectual. Ser intelectualmente honesto consiste, entre outras coisas, em indicar os autores em cujas obras fomos buscar conceitos e argumentos. Um pesquisador lê muito e dessas muitas leituras colhe material para conduzir seus próprios raciocínios, tecer suas próprias argumentações e chegar às suas próprias conclusões. Essa quantidade de leitura deve ser registrada. O nosso conhecimento não vem do empíreo ou de alguma outra instância secreta. Em boa parte, vem de uma coisa chamada "bibliografia".

Um exemplo, saindo agorinha do forno! Neste exato momento, decidi falar sobre honestidade intelectual, por ter lido as páginas em que João Batista Libanio aborda esse tema no livro *Introdução à vida intelectual*, referenciado no final deste trabalho. Caso queira refletir um pouco mais sobre essa questão, você poderá consultá-lo por conta própria.

O professor Libanio, justamente em nome da honestidade intelectual, menciona, por sua vez, dois títulos que lhe serviram de base: o *Metodologia do trabalho científico*, de Antônio Severino, livro obrigatório para estudarmos metodologia científica no Brasil, e

Ideologia, estrutura e comunicação, do semiótico e filósofo argentino Eliseo Verón.

Recorrendo aos ensinamentos de Eliseo Verón, Libanio nos estimula a produzir um discurso o mais objetivo possível, sem que precisemos esconder nossas motivações subjetivas, nossa maneira de pensar, nossos pressupostos, nossa própria situação ideológica. Se a intenção é descrever e avaliar determinada realidade com toda a honestidade possível, comecemos por apresentar, com igual honestidade e tranquilidade, as ideias que nos movem, nossas convicções, nossas referências, nossos autores preferidos, nossos objetivos, nossos condicionamentos e nossos limites.

Como pesquisadores honestos, valorizamos o trabalho daqueles que nos antecederam e nos habilitamos a dialogar com quem investiga os mesmos temas que nos interessam. Nesse diálogo, que talvez adquira um certo tom polêmico em alguma ocasião, podemos criticar o pensamento alheio e, de outra parte, receber críticas de quem pensa de modo diferente. Isso é normal entre pessoas que discutem ideias, preservando-se, no entanto, o respeito mútuo.

O clima de respeito entre pessoas que estudam fundamenta-se numa certa ideia de civilização. A pesquisa é lugar de encontro, convivência e evolução. Um episódio no campo da criação literária servirá de exemplo sobre o modo inadequado de se criticar o trabalho alheio. Clarice Lispector, em 1964, publicou *A paixão segundo G.H.*, obra inovadora que suscitou perplexidade e algumas opiniões contrárias, o que era de se esperar. Quem deu a nota dissonante foi o dramaturgo Nelson

Rodrigues. Escreveu ele num artigo de jornal que aquela época em que viviam era tão estranha que se estava publicando livro "até de mulher comendo barata". O comentário jocoso, mas absolutamente impróprio e deselegante, levou Clarice a telefonar para Nelson, exigindo explicações. Este arrependeu-se da "brincadeira" e pediu desculpas à escritora.

No campo da pesquisa em relação a temas como ética, filosofia, política, educação, em relação a quaisquer temas, o respeito e a cordialidade devem prevalecer, mesmo entre pessoas que possuam visões contrapostas. O foco principal não são as pessoas, mas a temática e os modos de abordagem.

O argumento *ad personam* (em que atacamos e queremos diminuir o adversário) será substituído pelo argumento *ad rem* (em que nos concentramos no tema, na "coisa" sobre a qual devemos debater).

Manter debates num alto nível de civilidade, praticar a lealdade científica e promover a clareza mental são atitudes que nos aperfeiçoam como pessoas, e dão credibilidade às instituições em que trabalhamos. Nossa linguagem refletirá essa luta ininterrupta por um comportamento simultaneamente crítico e consciencioso.

Nos livros e na vida

Teorizar e praticar são ações que se comunicam e se alimentam mutuamente. Nos livros, vivemos, sentimos, quase tocamos a força das ideias. Na vida, colocamos em ação nossa capacidade de compreender o que ocorre ao nosso redor.

Nossa leitura do mundo é um ato teorizante, ao qual acrescentamos uma atividade imaginativa e uma atividade discursiva. Quando observamos as dificuldades de aprendizado de um estudante, acionamos conceitos, ativamos nossa inteligência, nossa sensibilidade, recordamos o que já se estudou a respeito. Não encaramos tais dificuldades como uma fatalidade. Já antes, graças às nossas pesquisas, driblamos o fatalismo.

Há uma relação subterrânea entre esperança e pesquisa. Quem pesquisa sempre acredita na possibilidade de aprender, de encontrar uma citação iluminadora, um novo enfoque, uma verdade nova, uma saída para o beco sem saída! O fatalismo, em sua forma mais negativa, é a crença no esgotamento antecipado do futuro e, portanto, na infecundidade de nossas buscas presentes. Em termos pedagógicos, professores fatalistas esmorecem e se desanimam com frequência. São afetados pela "desistite", um tipo grave de apatia. O fatalismo cultua a falta de criatividade. Não nos dará bons conselhos.

Em contrapartida, renovamos nossa vontade de ensinar, ao percebermos em nós mesmos uma enorme (mas talvez subestimada) capacidade de aprender novos conteúdos. Para que haja real desenvolvimento no aprendizado, precisamos aumentar nosso envolvimento na pesquisa. Sem envolvimento não há desenvolvimento, ensina a psicologia. E, conforme diziam os antigos, "comer e coçar, é questão de começar", ditado popular que aceita atualizações: aprender e pesquisar, é questão de começar.

Pesquisar pode ser tão prazeroso quanto o ato de comer (algo saboroso) e de coçar a pele (eliminando alguma irritação epidérmica). O prazer intelectual consiste em eliminar ignorâncias (nem sempre epidérmicas...) e em alimentar nossa mente, não só com os frutos da ciência, da filosofia, da arte, mas, se pudermos sonhar um pouco mais alto, com o apetitoso fruto da ciência de todas as ciências, da *scientia scientiarum*, como diria um medieval: o apetitoso fruto da sabedoria.

Sabedoria e felicidade tendem a viver juntas. Esta é uma das verdades humanas mais arraigadas nas diferentes culturas e tradições. Os discípulos de Sócrates, o mestre dos mestres, viam a sabedoria como um conhecimento que admite não conhecer o que não conhece. Devemos rejeitar o saber arrogante, e enganoso, exercitando-nos na arte do diálogo. Dialogar significa também não ficar preso ao saber meramente livresco. Os melhores filósofos são aqueles que saem da frente dos livros e saboreiam a realidade real.

O epicurismo dizia que a sabedoria nos ensina a ser felizes mediante a amizade com pessoas verdadeiramente amigas. A sabedoria estoica recomendava o conhecimento e a aceitação do que nos está destinado, a fim de não sermos escravos cegos do destino. A sabedoria cristã une imanência e transcendência, e confere à palavra que ensina uma força amorosa e transfiguradora. A sabedoria budista, mostrando a impermanência de tudo, orienta-nos pelos caminhos do autoconhecimento e da paz. A sabedoria hindu estimula a confiança radical na força da vida, como lemos nesse texto do grande poeta e educador indiano Rabindranath Tagore:

> *Eu não tinha a menor consciência de nada, quando cruzei pela primeira vez o limiar desta vida. Que poder fez com*

que eu me abrisse para este imenso mistério, como um casulo se abre no meio da floresta, à meia-noite? Pela manhã, vi a luz, e senti de imediato que eu não era um estranho neste mundo, que o insondável sem nome e sem forma me segurava em seus braços, tal como a minha própria mãe. Na hora da morte, o desconhecido aparecerá de novo, como sempre o conheci. E porque eu amo esta vida, sei que amarei também a morte. A criança pequena chora, quando a mãe lhe tira o seio direito, mas já no momento seguinte se sente feliz ao receber o seio esquerdo.

Sabedoria ou barbárie

Não existe um só tema ou questão que não possa ser objeto de nossa curiosidade. Essa abertura para o todo, desde o infinitamente pequeno ao infinitamente grande; desde o mais atual ao mais primordial; desde o mais corriqueiro ao mais sublime; desde a matemática pura às últimas escavações no deserto de Gizé; desde uma análise literária dos mangás ao estudo, por exemplo, da intensificação sustentável da bovinocultura de corte e seus efeitos no mercado pecuário... Essa abertura para o todo nos garante espaço de sobra para cada um de nós construir sua própria linha de pesquisa.

O aprofundamento num caminho pessoal de pesquisa, tendo em vista um número limitadíssimo de temas ao nosso alcance, conduz ao amadurecimento intelectual, ao crescimento em sabedoria. Estudando uma questão com profundidade e clareza, chegamos, de fato, a um aprofundamento sobre nós mesmos e sobre a condição humana. Criamos um sistema pessoal de critérios e valores.

Uma ciência sem sabedoria, aliás, pode facilmente tornar-se perigosa ferramenta de destruição da nossa identidade humana. Haja vista, como explica o jornalista espanhol Nicolás Sartorius em seu *Breve diccionario de los engaños* [Breve dicionário das enganações], o uso de expressões como "armas inteligentes":

> *Não sei ao certo o que significa dizer "armas inteligentes", uma vez que a palavra "inteligentes" provém do latim* intelligens *(no sentido de "sábio", "perito", "instruído"). Ter inteligência supõe entender ou compreender, em referência talvez a uma "substância puramente espiritual". Sem dúvida, trata-se de uma moda de procedência anglo-saxã, em que se incluem o* smart car, *a* smart bomb, *a* smart house, *a* smart city... *Pelo visto, tudo é* smart, *menos a maioria dos seres humanos.*

Sabedoria consiste em saber.

Em saber o quê?

Em saber.

Saber simplesmente, sem complemento predefinido. Saber no sentido intransitivo, que, paradoxalmente, está aberto a todo tipo de objeto. Do ponto de vista das regras gramaticais, a ação deste saber parece estar integralmente contida na solidão do próprio verbo "saber": sabedoria consiste em saber. Essa intransitividade, no entanto, não se sustenta em virtude do contexto em que empregamos o verbo. A ação do saber sempre vai para além de si mesma. O verbo "saber" adquire sentido maximamente projetivo e receptivo. Torna-se, direta e indiretamente, transitivo para o todo, sem que seja preciso expressá-lo inicialmente. A depender de nossas escolhas, o saber se realizará. E nos tornará mais civilizados e mais humanos.

A tarefa da pesquisa nos abre possibilidades infinitas, mas temos consciência de que esse infinito é inalcançável. Sempre há prazos a cumprir. Limites a observar. Aspectos a priorizar. Normas a obedecer. Dizia um escritor que descobria ter finalmente concluído um livro seu, quando o editor, não aceitando novos pedidos de adiamento, vinha arrancar-lhe os originais das mãos. Algo semelhante podemos dizer com relação às pesquisas a que damos início. Há um momento em que é preciso concluir. Ou porque nos deparamos com o insondável, com o impesquisável, ou porque não faz mais sentido evitar alguma conclusão. A vida vem e nos diz que é hora de dar início a novas pesquisas.

Com objetivos restritos ao momento histórico em que escrevia (no início da Primeira Guerra Mundial, em 1914), Chesterton traçava em seu livro *The barbarism of Berlin* [A barbárie de Berlim] um certo tipo de mentalidade que se opõe ao ideal da sabedoria. Para definir barbárie, recorreu à imagem mitológica do ciclope:

> *O defeito de todo bárbaro é a sua seriedade mesquinha, limitada e unilateral. Este é, penso eu, o significado do único olho na testa do ciclope: o bárbaro não consegue ver direito as coisas que estão ao seu redor, não consegue vê-las de dois pontos de vista ao mesmo tempo. É por isso que se torna uma fera cega, devoradora dos seres humanos.*

Para não cairmos na unilateralidade dos ciclopes, cuja visão limitada os caracteriza como seres intratáveis, incapazes de compreender a beleza e a complexidade da realidade, temos que desenvolver uma visão abrangente e generosa sobre as inúmeras dimensões da existência.

Em seu livro *Os sete saberes necessários à educação do futuro*, Edgar Morin nos convida a repensar o passado e a reescrever o presente. Corajosamente, afirma que o século XX nos deixou um legado assustador, que foi o da combinação de duas barbáries. Por um lado, as guerras, os massacres, os genocídios, os fanatismos. Por outro, algo mais insidioso: o racionalismo reducionista, a barbárie "que só conhece o cálculo e ignora o indivíduo, seu corpo, seus sentimentos, sua alma, e que multiplica o poderio da morte e da servidão técnico-industriais".

Pôr o conhecimento a serviço do ódio e da morte é a pior das opções. Morin inventa a palavra "simbiosofia", a sabedoria de viver juntos. A educação para a convivência requer professores que estudem formas realistas de instaurar a cultura do encontro, a cultura dialógica.

A pesquisa científica, filosófica e pedagógica é movida pela paixão de conhecer, na qual se unem afetividade e racionalidade, num equilíbrio sapiencial.

30

PALAVRAS-CHAVE PARA ENTENDER A ESSÊNCIA DA PESQUISA

Agradecimentos

Agradecemos a quem contribuiu para que o nosso trabalho de pesquisa e escrita fosse bem-sucedido.

Nas primeiras páginas de teses, dissertações e livros, encontram-se frases como "meus agradecimentos aos colegas, amigos e familiares, que acompanharam de perto a construção deste texto"; "a meus pais minha eterna gratidão, por toda a ajuda na realização dos meus sonhos"; "agradeço aos familiares e amigos que passaram por todos os momentos difíceis comigo"...

Para além de frases genéricas, Howard Gardner agradeceu à sua esposa, Ellen Winner (especialista em psicologia da arte), pela leitura crítica do manuscrito de *O verdadeiro, o belo e o bom redefinidos*, título esse, aliás, sugerido por ela.

A gratidão torna-se mesmo questão de justiça quando a ajuda de alguém quase se assemelha a uma coautoria, como no caso do livro *Bilhões e bilhões: reflexões sobre vida e morte na virada do milênio*, de Carl Sagan, que escreveu:

Tenho uma dívida especial com William Barnett por suas transcrições meticulosas, assistência de pesquisa, leitura de provas, bem como por ter guiado o manuscrito pelas suas várias fases de preparação. [...] O fato de eu sentir que podia depositar toda a confiança no seu trabalho foi uma graça pela qual sou muito grato.

Agradecimento *sui generis* foi o do psicanalista Murray Stein, no livro *No meio da vida*, aos seus analisandos, cujos nomes, por uma questão de sigilo profissional, não foram revelados:

Quero agradecer aos meus analisandos, que devem continuar anônimos, mas não ausentes destas páginas, por terem dividido comigo os ricos detalhes da jornada de suas almas no meio da vida.

"TODAS AS VIDAS TÊM MOTIVOS PARA A GRATIDÃO."

(Julia Cameron)

É comovente ver grandes pesquisadores reconhecerem com humildade a generosa contribuição de outras pessoas. Vale a pena ler essas palavras de Miguel Nicolelis no final da obra *O verdadeiro criador de tudo*:

Ninguém leu este livro mais vezes e de forma mais detalhada que Susan Halkiotis, minha assistente e melhor amiga "gringa" por quase vinte anos. Como em todos os meus projetos literários (científicos ou não), ao longo das últimas duas décadas desde que se juntou ao meu laboratório na Universidade Duke, Susan se dedicou entusiasticamente a esta aventura literária desde o primeiro segundo, não deixando de trabalhar no manuscrito até que tivesse preenchido todos os seus critérios de excelência. Revisando múltiplas versões durante cinco anos, Susan sempre foi a primeira leitora e a primeira a oferecer críticas essenciais na forma e no estilo. [...] Não há palavras suficientes de agradecimento na língua portuguesa – ou inglesa – para dar o devido crédito ou reconhecer o grau de excelência profissional, amor fraternal e apoio com que Susan se dedicou a este projeto.

Uma longa jornada de pesquisa e produção de texto pode ser extremamente solitária em determinadas fases. Por isso, compreende-se o sentimento de gratidão que transborda do coração de quem se sentiu acompanhado.

Quem já passou, por exemplo, pela experiência de escrever um livro sabe como é valiosa a ajuda qualificada de uma boa equipe editorial.

Aproveito eu também a ocasião para agradecer a todos os editores, leitores críticos, preparadores de texto e revisores que me ajudaram, até hoje, a concretizar dezenas de publicações.

SUGESTÃO

Pratique a gratidão. Atitude de inegável grandeza.

Análise

A análise procura identificar e descrever as partes que compõem um todo, a fim de compreender como essas partes, relacionando-se entre si, formam o todo.

Há um diálogo constante entre análise e síntese. Analisar pressupõe uma síntese. Sintetizar pressupõe uma análise já feita.

Numa análise gramatical, descobrimos a função de cada palavra numa determinada frase, que por sua vez pertence a um parágrafo, que provavelmente articula-se com outros parágrafos, ordenados num texto maior.

Ao analisar o conceito de análise, em seu *Dicionário filosófico*, André Comte-Sponville dá vários exemplos, demonstrando grande capacidade de síntese e concisão. Quando analisamos um corpo qualquer, elencamos seus elementos químicos ou físicos. Quando analisamos uma ideia complexa, detectamos as ideias simples que a compõem. Quando analisamos uma sociedade, distinguimos as várias classes, instituições e correntes que nela atuam.

Analisar é tarefa necessária e interminável, conclui Comte-Sponville.

E tudo é analisável: um problema de saúde, uma obra de arte, um texto jornalístico, uma teoria econômica, um mapa turístico, um sonho, um gole de vinho, uma gota de sangue, etc.

No século XVIII, o filósofo francês Condillac escreveu, com finalidades didáticas, um tratado sobre a arte de pensar. Num dos capítulos, explica o método da análise, defendendo sua importância para o raciocínio claro e preciso. Segundo Condillac, a análise "é o verdadeiro segredo das descobertas, porque, por sua natureza, tende a nos direcionar para a origem das coisas".

"NÃO QUERO ANALISAR O QUE AS PESSOAS PENSAM EM OPOSIÇÃO AO QUE FAZEM, MAS O QUE PENSAM QUANDO FAZEM O QUE FAZEM."

(Michel Foucault)

Condillac observava que o método analítico nos obriga a fugir das ideias vagas e dos devaneios da linguagem. Em busca de evidências, poucas, mas reais, podemos pensar de maneira ordenada, passo a passo, e escrever de modo inteligível, sem obscuridades inúteis.

Textos confusos não são demonstrações, alertava esse filósofo. Devemos estar atentos para não aceitar, por comodismo mental, princípios considerados indiscutíveis. Existem graus de certeza em relação ao que nos é proposto. Precisamos saber discernir esses graus, para não aprovar proposições absurdas pelo simples fato de outros as aprovarem, nem rejeitar de primeira o que parece incompreensível.

O elogio da análise é um elogio à atenção. Quem analisa uma realidade precisa estar atento aos detalhes, às diferenças, às peculiaridades, precisa abrir os olhos, valorizar o tato, apurar a audição, cheirar e saborear.

Um exercício simples de análise na vida real, muito útil como treino para várias iniciativas de pesquisa, é a classificação de coisas. Um exercício recomendável para crianças e adultos. Podemos dispor os livros numa estante de acordo com um critério temático, ou pelo sobrenome dos autores em ordem alfabética, ou pelo tamanho dos livros, ou pela cor das capas. Podemos organizar peças de vestuário, roupas de cama e mesa e outros utensílios domésticos num *closet*. Podemos arrumar a louça nos armários da cozinha, separando pratos, panelas, copos, talheres...

Analisar os nossos próprios pensamentos e os pensamentos dos outros é fundamental para um trabalho de pesquisa.

A atitude analítica nos torna pesquisadores criteriosos.

SUGESTÃO

Relembre e analise as tarefas que você já realizou hoje.

Bibliografia

Em 1977, surgiu na Itália o livro *Como se fa una tesi di laurea*, da autoria de Umberto Eco, já naquela altura bastante conhecido nos meios acadêmicos, em virtude de seus ensaios sobre semiótica e cultura de massa.

Classificado por alguns como um manual, fato é que esse trabalho, traduzido para Portugal em 1980 e para o Brasil em 1983 com o título *Como se faz uma tese*, tornou-se leitura obrigatória para mestrandos e doutorandos, sobretudo na área das ciências humanas, durante pelo menos duas décadas.

A apresentação à edição brasileira escrita pela professora Lucrécia D'Aléssio Ferrara esclarecia que, como pano de fundo, havia a ideia de que também em nosso país, não obstante a precariedade educacional, era necessário criar uma "universidade de massa" que exigisse de muitos estudantes nossos, e não apenas de uma pequena elite, trabalhos de conclusão de curso, monografias, dissertações e teses.

Os avanços da informática e da tecnologia da comunicação, sobretudo a partir do início do século XXI, tornaram obsoletos muitos conselhos e "dicas" que Eco oferecia com base em sua longa experiência de pesquisador, num tempo em que não havia internet e, portanto, não havia a palavra "webgrafia". Sobretudo no item "pesquisa bibliográfica", percebemos as mudanças radicais. Se vivo estivesse, o autor não recomendaria, hoje, que alguém arrumasse as malas e passasse alguns meses em outro país para consultar uma bibliografia estrangeira ainda não traduzida.

"OLHAR PARA OS LIVROS, COM CUIDADO, É OLHAR POR NÓS MESMOS, PARA DENTRO DE NÓS."

(Wagner Merije)

Em diálogo com Umberto Eco, o professor Clóvis Ultramari publicou em 2016 o livro *Como não fazer uma tese*. Embora com novos meios de acesso ao conhecimento, o fundamental continua sendo fundamental: uma bibliografia adequada, atualizada... e na medida certa.

Uma recomendação seja feita com clareza: devemos cuidar dos estudos empíricos. Experiência de vida é a vida que vem ao nosso encontro todos os dias "querendo" que a conheçamos. O mais competente dos mestres não é apenas um par de olhos que lê sem parar. Para ensinar a arte da pesquisa, tanto Eco quanto Ultramari recorrem à sua experiência prática como observadores do real, como professores universitários, como pesquisadores, como orientadores de outros pesquisadores, e, por fim, como leitores!

Em outras palavras, leitura também é experiência! E leitura é imprescindível, se queremos adquirir facilidade para escrever. Uma linguagem escrita de qualidade revelará em nossos documentos científicos que, além de cientistas, sabemos compartilhar e distribuir o que aprendemos.

E, para concluir, a advertência importante do professor Ultramari sobre o perigo da leitura excessiva, sem o devido espírito crítico e a legítima autonomia intelectual:

> *De forma generalizada, a leitura é, sim, feita sem crítica; e isso, sim, preocupa. É impressionante reconhecer que uma lista de dez ou quinze autores são lidos e citados nas teses sem jamais serem questionados. Há um grande e temeroso consenso sobretudo em relação a esses dez ou quinze, mas também em relação a tudo aquilo que toma corpo pela palavra escrita em livro. Há uma repetição de ideias centrais desses livros, um inteligente e comportado rebanho a ler, a concordar e a citar aquilo que já sabemos. Melhor seria alterar a técnica que eliminar a atividade.*

SUGESTÃO

> Perceba que a bibliografia que você lê torna-se parte da sua própria biografia.

Citação

Citamos palavras de outras pessoas de forma direta (por transcrição exata) ou indireta (por paráfrase). Não é raro que, numa conversa entre amigos ou durante uma palestra em tom coloquial, façamos citações involuntária e inconscientemente. No âmbito de uma pesquisa, porém, por uma questão de honestidade intelectual, devemos identificar os "donos" deste ou daquele pensamento.

A circulação do conhecimento não pode atropelar as autorias. Mesmo que não se trate de um pensamento absolutamente original, quem o expressou com suas próprias palavras, e o fez com competência, precisa ser nomeado. Esta é a norma!

Saber extrair boas citações dos textos que lemos faz parte das habilidades dos bons pesquisadores. Uma antiga técnica de estudo e leitura, muito incentivada no Renascimento europeu, consistia em preencher cadernos com inúmeros fragmentos de textos lidos. Essas coletâneas de citações para uso pessoal eram de imensa utilidade para a produção de novos textos.

A partir dos séculos XV-XVI, graças à invenção da prensa de tipos móveis, a Europa foi inundada por uma quantidade incalculável de livros. Tornou-se cada vez mais fácil publicar, o que incentivou iniciativas editoriais de todo gênero. A multiplicação ininterrupta de livros, com tiragens iniciais de 500 a dois mil exemplares, despertava o talento de novos escritores, ampliava o número de leitores, abria campos de pesquisa e estimulava a produção de obras panorâmicas.

Caso emblemático é o do jurista e professor francês Jean Bodin que publicou, em 1596, um livro com 633 páginas, verdadeira enciclopédia científica com tudo o que se sabia acerca da fauna, flora, minerais, corpos celestes, etc. O autor só conseguiu apresentar o vasto conteúdo deste *Panorama universal da natureza* por ter reunido antes, para cada uma das questões tratadas, dezenas e dezenas de citações.

"PODEMOS ENCONTRAR UMA BOA CITAÇÃO EM QUALQUER PARTE. BASTA TERMOS OLHOS PARA VER."

(Oliver Wendell Holmes Jr.)

Colecionar citações por conta própria continua a ser um exercício inspirador. Fernando Zóbel, um dos mais destacados pintores abstratos do século XX, compôs o seu *Cuaderno de apuntes* [Caderno de anotações] com citações relacionadas à pintura e, de modo geral, à arte. No prólogo, confessa que aquelas citações o inspiravam a pintar e a viver mais intensamente como um artista do seu tempo.

A partir da década de 1950, aumentou no mundo inteiro o número de dicionários de citações chancelados por grandes editoras e destinados ao grande público. O argumento que impulsionou publicações dessa natureza era o de que antologias feitas por um indivíduo para uso particular são sempre parciais, fruto de opções subjetivas, ao passo que obras de referência organizadas por equipes nascem de uma seleção objetiva e atendem melhor às expectativas da maioria dos leitores.

Certamente, é mais emocionante cada um buscar as citações que se encaixem em seu plano pessoal de pesquisa. No entanto, o garimpo realizado por outros pode revelar pérolas que, sozinhos, talvez jamais encontraríamos.

Para concluir, seria imperdoável não sugerir a leitura de *O trabalho da citação*, do professor e romancista Antoine Compagnon. Suas considerações revelam um pesquisador original, ao mesmo tempo apaixonado e realista. Disse ele, como quem não quer nada: "toda citação é primeiro uma leitura assim como toda leitura, enquanto grifo, é citação".

SUGESTÃO

Escolha e guarde citações que expressem aspectos de sua visão de mundo.

Colaboração

Há momentos de grande solidão no trabalho de pesquisa. Muitas horas de leitura, experimentos, coleta de dados, reflexão e produção de texto que pedem distanciamento e até um certo isolamento.

Contudo, como explica o filósofo espanhol Alfonso López Quintás, somos seres de encontro e, em razão dessa característica essencial, temos sempre a expectativa da colaboração mútua. Essa colaboração, no campo da busca do conhecimento, faz-se quando descobrimos convergência de interesses com outros pesquisadores.

Mesmo que não exista uma grande convergência, devemos respeitar o *modus cogitandi* dos outros, o modo de pensar e pesquisar dos nossos colegas. Quem respeita os outros sempre aprende alguma coisa. Cada pesquisador, atuando em sua área, precisa ser criativo e cauteloso, arrojado e prudente, rigoroso e flexível. São atitudes inspiradoras.

No caso de colegas com quem temos maior afinidade, seja pela coincidência de temas, seja pela semelhança no modo de encarar as coisas, a colaboração torna-se mais natural, o que não significa que seja algo fácil. López Quintás enfatiza que toda colaboração se inicia corretamente quando cultivamos a disposição de escutar o outro. Não uma escuta qualquer, mas orientada pela vontade de acolher.

Ao escutar ativamente um colega pesquisador, aprendo a ser um pesquisador melhor. Aprendo com os eventuais erros que ele tenha cometido. Aprendo com sua persistência em seguir em frente quando os ventos sopram em sentido contrário. E também eu serei escutado. Também eu terei algo a sugerir. Desse diálogo surgirão várias iniciativas: artigos e livros escritos em conjunto, cursos, parcerias, debates públicos...

"ENSINAR A COLABORAR É UM TRAÇO DEFINIDOR DA EDUCAÇÃO PARA A PAZ."

(José Tuvilla Rayo)

As regras do jogo colaborativo não são fixas. Diferentes contextos abrem determinadas portas, e fecham outras. Aprendemos a colaborar... colaborando. Mas também aprendemos por contraste, quando não recebemos a ajuda esperada, ou nos recusamos a apoiar alguém.

A pesquisadora Vani Moreira Kenski, estudiosa do emprego das tecnologias em educação, é uma entusiasta do aprendizado colaborativo:

O exercício e a formação adquirida na vivência teórica e prática em grupos de pesquisa foram fundamentais na minha construção como professora em ambientes virtuais.

Nesses grupos, onde o estudo e a democrática troca teórica entre todos são as preocupações maiores, vive-se o espírito da equipe. Pela soma das contribuições de cada membro do grupo é possível construir um conhecimento rico, vivo e que permanece como coisa realmente aprendida na experiência e na ação coletiva. Os grupos de pesquisa assim constituídos se apresentam como uma nova forma de ação docente/discente, embrião para um outro tipo de "aula" e de ensino.

A colaboração no âmbito da pesquisa concretiza-se em grupos que pratiquem essa troca teórica e de experiências. Sem abstrair das diferenças entre os participantes de tais grupos, tende-se à horizontalização. Todos ali estão dispostos a escutar e falar, a orientar e ser orientados, a ensinar e aprender.

Conforme explica Pedro Demo em seu livro *Conhecimento moderno*, não obstante o aprendizado seja um ato individual, a genialidade autossuficiente é algo raro. Ninguém estuda pelo outro, mas ninguém aprende nada sem o outro. Logo, precisamos aprender juntos, escutando o que os outros têm a dizer.

É um imperativo repartir socialmente o que aprendemos individualmente.

SUGESTÃO

Participe ativamente de grupos de estudo e pesquisa.

Conclusão

Como conclusão de suas considerações sobre o medo líquido, Bauman (talvez temeroso diante desse medo onipresente, que tudo penetra e a todos paralisa) avisou que havia escolhido publicar uma "conclusão inconclusa".

Nesta sua *inconclusive conclusion*, o sociólogo polonês refletia sobre o desejo, acalentado por ele e por muitos outros pensadores e intelectuais, de lutarem por um mundo melhor, no qual houvesse mais justiça, mais segurança e menos desigualdade. Um mundo no qual a humanidade não se sentisse ameaçada por si mesma.

Já estávamos em inícios do século XXI. *Medo líquido* foi publicado em 2006. Bauman, que viria a falecer em 2017, fazia algumas reflexões acerca das décadas vindouras. A conclusão era necessariamente incompleta, uma vez que se tratava de imaginar pelo menos dois tipos de futuro. Ou o futuro como catástrofe, ou como pacto civilizado entre todos nós, com o objetivo de tornar esse mundo habitável.

É difícil pensarmos em conclusões absolutas quando nos deparamos com a complexidade de certas questões a serem investigadas.

O absoluto, hoje, pode se tornar o obsoleto, amanhã.

Para ficarmos no âmbito pedagógico, o próprio conceito de "aprendizado", pelo fato de remeter a um processo contínuo de novas descobertas ao longo da vida, não é facilmente decifrado e, portanto, não assegura conclusões definitivas.

Digamos que nossas conclusões são sempre parciais e provisórias. Servem como pontos de partida para novas pesquisas. Por outro lado, precisamos chegar a algumas conclusões, ou viveremos na impermanência sem fim. O ponto final ainda não foi expulso das gramáticas. Graças a ele, paradoxalmente, abriremos novos parágrafos em novos capítulos de novas teses.

"NÃO ME VENHAM COM CONCLUSÕES!
A ÚNICA CONCLUSÃO É MORRER."

(Fernando Pessoa)

Do ponto de vista da lógica tradicional, nossas premissas sobre algum tema levam a conclusões, que podem ser verdadeiras ou falsas, mas são conclusivas dentro dos limites daquele raciocínio.

Para a ciência aplicada, análises sobre problemas que exigem soluções práticas geram documentos nos quais apontam-se conclusões que respaldem decisões e ações concretas.

Conclusão não é sinônimo de término puro e simples, mas o resultado convincente a partir do que a precedeu. Há, em toda pesquisa, uma tensão interna, causada pelo confronto entre hipóteses, pelas divergências teóricas e pela própria "pressão" que a realidade exerce sobre nossos pressupostos. Essa tensão não raramente nos obriga a repensar nossa maneira de encarar as coisas. Na conclusão, vem à luz um pensamento mais atento, mais rigoroso e mais maduro. O tempo de estudo concentrado é tempo de crescimento pessoal.

A conclusão é o desdobramento do projeto, daqueles primeiros passos, quando demos início a uma jornada de pesquisa. Os objetivos estabelecidos no primeiro dia deverão ser relembrados na hora da conclusão. As verdades anteriores deverão ser reavaliadas com serenidade. A conclusão é sempre uma vitória, mesmo quando saímos um pouco desiludidos com nós mesmos.

De certo modo, a conclusão está "escondida" nas intuições que impulsionam nossa pesquisa. Foi o que experimentou o psicólogo e escritor Jordan Peterson, ao buscar suas conclusões morais fundamentais, em meio ao caos do nosso tempo.

Intuindo ele o que é o mal, o mal que todos podemos praticar, definiu para si mesmo, com mais clareza, o que é o bem praticável.

SUGESTÃO

Tenha coragem de concluir o que ficou inacabado.

Cosmovisão

Algumas palavras parecem não caber em si. É o caso de "cosmovisão", que remete ao grego *kósmos* ("mundo", "universo"). Não se trata, aqui, tão somente do espaço sideral, das estrelas, dos planetas, mas da gigantesca totalidade da qual o ser humano é parte. Uma parte minúscula, frágil, que tem, no entanto, como afirmava Pascal, o poder do pensamento. É sobre esse pensamento (essa visão) abarcante do mundo que meditaremos brevemente.

"Cosmos" se opõe a "caos", e é originalmente um termo estético. Os antigos gregos associavam "cosmos" à ordenação bela e harmoniosa das coisas. A nossa palavra "cosmético" guarda essa ideia de algo bem-feito, bem-composto, elegante.

O escritor estadunidense James W. Sire recorria com frequência à ideia de "cosmovisão", a qual, bem analisada, alberga a pluralidade. Precisaremos falar, portanto, em "cosmovisões". Como destaca esse escritor no livro *Dando nome ao elefante*, há uma característica central e comum a todas as visões de mundo: ser nossa fonte de respostas para as perguntas mais difíceis que o ser humano pode formular para si mesmo.

O que isso tem a ver com as nossas pesquisas? Tem tudo a ver.

Todos nós temos uma cosmovisão, da qual procedem pressupostos a respeito da vida e dos temas que iremos investigar. Talvez a minha cosmovisão seja pouco desenvolvida, pouco esclarecedora, porém ela existe, e é dela que recebemos algum tipo de luz quando fazemos, por exemplo, as três perguntas cruciais da existência: "quem sou eu?", "de onde vim?" e "para onde vou?".

Os pressupostos que compõem nossa cosmovisão pessoal chegam até nós, de início, quase imperceptivelmente. Nós os assimilamos sem nos darmos conta disso, pelo simples fato de interagir com outras pessoas durante a infância e a adolescência. Os ambientes que nos formam mais diretamente, desde cedo, são a família, a escola e a igreja. Hoje, devemos incluir a mídia, de modo especial a *web*.

"MINHA COSMOVISÃO É MÍOPE, BAÇA, IMPURA, MAS NADA ODIEI, A NÃO SER A INJUSTIÇA E A IMPOSTURA."

(Paulo Mendes Campos)

Numa certa fase da vida, começamos a ganhar consciência acerca da origem e do alcance dos nossos pressupostos. A autocrítica nos fará reconhecer que eles atuam em nós quase como seres autônomos. Assumiremos esses pressupostos? Aquilo que nos formou também não terá nos deformado um pouco? Teremos forças para repensar e reformular esses pressupostos?

Conseguiremos expressar com o máximo de precisão o que de fato pensamos sobre o mundo?

Nossa cosmovisão está por trás das palavras que utilizamos e dos sentidos que damos a essas palavras. Conceituamos liberdade, amor e Deus segundo a nossa cosmovisão. Também nossas avaliações quanto ao comportamento daqueles que nos rodeiam derivam da nossa cosmovisão. Até o que entendemos por "cosmovisão" depende da nossa cosmovisão.

Um bom caminho para conhecer a cosmovisão que nos habita e direciona nossos passos é estudar as cosmovisões de grandes pensadores. Esses pensadores são grandes justamente por terem explicitado, para si mesmos e para os outros, seus principais pressupostos. O que deixaram em seus textos continua influenciando a vida de milhões de pessoas.

Conclusão? Nossa capacidade de pesquisa encontra-se vinculada à visão de mundo que, saibamos com maior ou menor lucidez, orienta nossas escolhas.

SUGESTÃO

> Escreva numa folha sua definição pessoal de "liberdade", "ética" e "justiça".

Curiosidade

Além dos significados que estão nos dicionários, as palavras adquirem novos sentidos, em razão dos diferentes contextos e de acordo com os valores e intenções de quem fala ou escreve.

Para descobrirmos os significados, basta o dicionário. Para detectarmos os sentidos na agitação do oceano semântico, precisamos de algo mais. Diria Guimarães Rosa que só os alfabetizados para as entrelinhas estão habilitados a navegar em meio aos perigos das interpretações equivocadas e dos naufrágios ideológicos.

A palavra "curiosidade" pode ter uma conotação fortemente negativa ou um sentido extremamente positivo. Tudo dependerá da cosmovisão de quem a emprega e das circunstâncias em que surge tal palavra.

Quando a curiosidade deixa de indicar o desejo natural de conhecer, desviando-se em direção à mera extravagância, podemos adotar uma postura monástica e renunciar ao pecado da *curiositas*. Não em clima de Idade Média, mas em plena Idade Mídia, renunciaremos ao "voyeurismo eletrônico" mencionado pelo filósofo Jean-Jacques Wunenburger, no livro *O homem na era da televisão*, ou, mais proximamente, ao "voyeurismo digital" de que fala a socióloga Liliana Arroyo Moliner, em *Tú no eres tu selfi* [Você não é sua *selfie*].

Renunciar a saber demais é um ato de sabedoria. A curiosidade invasiva, ao contrário, defende o direito ilimitado de saber tudo sobre qualquer coisa e sobre todos o tempo inteiro. Mais insolente e dispersivo impossível. E um tiro no pé de qualquer projeto de pesquisa, que necessita de foco e deve inspirar-se na ética da privacidade.

"MINHA CURIOSIDADE EPISTEMOLÓGICA ESTEVE CONSTANTEMENTE A POSTOS."

(Paulo Freire)

Envolver-se com tudo, no fim das contas, é não se envolver com nada. Por isso, antes de iniciar um trabalho de pesquisa, delimitamos o que deve e o que não deve ser estudado.

Delimitação produz intensificação. Como ensina Fernando Pessoa, escrevendo na pele de seu heterônimo Ricardo Reis: ser grande é ser inteiro em cada situação – cuidemos com empenho das tarefas pequenas do dia a dia – evitemos os exageros, sem excluir coisa alguma – "em cada lago a lua toda brilha" – não abdiquemos de nossa realidade.

Dizia um professor experiente, com a eficiência das imagens simples e do bom humor, que mais vale ser um sapão na lagoinha do que um sapinho no lagoão. Em outras palavras: é melhor assegurar um pequeno espaço próprio do que morrer afogado na pretensão absurda de abraçar o universo.

A curiosidade é uma forma estimulante de articular nossa relação com o mundo. Durante uma longa trajetória de pesquisa, a curiosidade renovará nossas forças. Quando a sombra do desânimo se aproximar, a virtude da curiosidade virá em nosso auxílio, despertando o desejo de experimentar e descobrir coisas novas.

No livro que publicou sobre o conceito de escolas criativas, o educador e pesquisador inglês Ken Robinson via a curiosidade como paixão capaz de nos manter ativos:

> *Para alguns de nós, a curiosidade por algumas coisas pode ser temporária e rapidamente satisfeita. Para outros, ela pode se tornar uma paixão contínua na qual são investidas vidas e carreiras inteiras. Em qualquer caso, um sentido de curiosidade ao longo de toda a vida é um dos maiores dons que as escolas podem oferecer aos seus alunos.*

SUGESTÃO

Pergunte à sua curiosidade o que ela tem a lhe dizer hoje.

Dissertação

Na palavra latina *dissertatio*, da qual provém "dissertação", esconde-se o verbo *serere*, que significa "ligar", "entrelaçar", "encadear". Desse verbo virão os vocábulos "inserir" e "série". Quem cultiva a terra, insere sementes em série, projetando para o futuro a imagem da colheita. Quem disserta em público, insere palavras em série, projetando para o futuro uma colheita de tipo científico, cultural ou sociopolítico.

Dissertar, segundo essas pistas etimológicas, é expor algum assunto de modo sistemático, concatenando ideias e argumentos. No sentido de trabalho escrito, dissertar é entrelaçar as palavras, encadear as frases, pondo os parágrafos em sequência, e ordenando tudo em capítulos e subcapítulos.

Escrever, de modo geral, é um trabalho mais braçal e menos "intelectualizado" do que parece. Uma dissertação deve ser planejada, demanda leituras, requer um arcabouço de ideias, mas o mais importante na hora da escrita... é encher-se de coragem e escrever! É colocar as palavras uma atrás da outra, dando forma visível para os pensamentos mais abstratos.

Toda dissertação tem uma história, como afirma a pesquisadora Maria Ester de Freitas em seu livro *Viva a tese!*. Uma história em que se misturam elementos dramáticos e cômicos, pois se trata de viver a pesquisa como aventura inesquecível.

A produção de uma dissertação (ou tese) só faz sentido se a vemos como uma das etapas previstas na experiência acadêmica: projeto, estudos, aulas, leituras, orientação, debates, redação, defesa. Em cada uma dessas etapas, enfrentamos exigências burocráticas, desafios intelectuais, percalços emocionais. A redação é sempre laboriosa. O texto da dissertação há de refletir toda essa riqueza existencial.

"SUPOMOS QUE TODA DISSERTAÇÃO TENHA UMA HISTÓRIA."

(Maria Ester de Freitas)

Como trabalho manual exigente, escrever nem sempre conduz a resultados satisfatórios. Aprendemos a falar com certa naturalidade desde os primeiros anos de vida. Já a escrita não parece ter uma fundamentação biológica específica. No caso de uma dissertação, o problema é mais complicado. Existe uma grande expectativa sobre a nossa capacidade de trazer uma contribuição científica ou intelectual relevante para a sociedade, e de apresentar essa contribuição de modo claro, inteligível e gramaticalmente impecável.

Muitos pesquisadores são exímios na fala, mas perdem todo o ímpeto comunicativo quando se trata de escrever. A partir de sua longa experiência como pesquisador, professor e escritor, o sociólogo Howard S. Becker reuniu no livro *Truques da escrita* várias recomendações. A mais realista, a meu ver, refere-se ao trabalho de reescrever um texto quantas vezes for necessário, pois ninguém redige tudo certo no primeiro momento.

Este é o paradoxo: quem escreve com regularidade sabe que um texto bem escrito é consequência de uma saudável autocrítica e muita persistência.

Escrever é, sobretudo, reescrever. Reler e revisar. E revisar de novo. Eliminar redundâncias. Juntar frases que repetem expressões compridas e inúteis. Evitar o excesso de adjetivos. Deletar uma palavra dispensável. Simplificar, mantendo os termos técnicos estritamente necessários e toda a informação que leve os leitores a compreenderem o essencial.

Não vamos confundir linguagem descomplicada com pobreza de linguagem, nem linguagem científica com esoterismo hermético.

Uma dissertação que satisfaça os critérios acadêmicos pode, com pequenas adaptações, tornar-se um livro de interesse para o grande público.

SUGESTÃO

Não tenha medo. Comece a escrever. Agora.

Errologia

"Errar é humano", você concorda? Ou essa frase é inquestionável? Nossos erros contribuem para o bom andamento da nossa pesquisa? O que podemos aprender com os erros próprios e alheios? Aprenderemos a fazer ciência com mais consciência, observando os erros dos cientistas?

A jornalista estadunidense Kathryn Schulz utiliza o termo "errologia" (*wrongology*) para designar um modo positivo de aceitar e compreender a realidade dos nossos erros. Dado que eu sou inegavelmente um *wrongitioner* (isto é, um "errador", um praticante do erro), a melhor saída é me tornar um *wrongologist*, um "errologista".

Toda pedagogia possui uma "filosofia do erro" mais ou menos explícita. Numa atitude generosa, sem dramatizar, usamos o que não é certo para ensinar o acertado. Professores pesquisadores veem nos erros e equívocos uma chance de superação da ignorância. Quem erra, e descobre que errou, vence o autoengano, e já não pode ignorar o problema.

Existem erros fatais, e com isso não se pode brincar. Por outro lado, a dimensão risível dos erros cotidianos confirma sua importância para o aprendizado. Declarou Millôr Fernandes em sua "bíblia caótica":

- *"Errando é que se aprende." A errar.*
- *Entre o certo e o errado há sempre espaço para mais erros.*
- *Errar é humano. Botar a culpa nos outros também.*
- *Erro de Deus. Se o mundo fosse de vidro o pessoal tomava muito mais cuidado.*
- *Um acerto, uma vez acertado, raramente pode ser melhorado. Um erro, porém, tem sempre a possibilidade de ser mais errado.*

Os erros revelam quem somos, mais, talvez, do que os acertos garantidos pela obediência à rotina e aos protocolos impessoais. Perceber que errei não é apenas constatar que algo saiu do controle, mas que sou responsável pelo erro cometido.

"CONFESSO MEUS ERROS, SE FOR ÚTIL RECONHECÊ-LOS."

(Ovídio)

O real problema do erro é quando não sabemos que se trata de um erro. Aliás, esse é o pior dos erros: desconhecer ou subestimar a realidade do erro e o seu potencial transformador.

Numa pesquisa meticulosa, segundo a opinião dos errologistas, não devemos recear eventuais erros de avaliação, de compreensão, etc., contanto que se obtenha aprendizado autêntico. Se o erro nos ensina o que *não* se deve fazer, torna-se uma espécie de orientador. Um orientador não muito delicado, mas sincero.

É como aprender o idioma novo de um país em que passamos a morar. De erro em erro, vivendo situações mais ou menos tensas e aflitivas, absorvemos as palavras mais importantes, as construções de frase, as entonações específicas para determinadas finalidades.

De erro em erro, chega-se à maestria.

Contudo, esse "aprender errando" tem suas limitações. A errologia não é a única "disciplina" de acesso ao conhecimento. Voltando ao exemplo do idioma estrangeiro que se aprende pelo "método da cabeçada", também chamado "método ou vai ou racha", é recomendável aproveitar outros meios mais suaves como ler jornais locais, assistir a aulas e palestras sobre temas acessíveis, interagir com novos amigos.

A errologia não é um elogio irracional ao erro. O filósofo Ortega y Gasset dizia que era de suma importância para um ser humano ter "a memória dos seus erros", a fim de não cometer erros iguais, e procurar transformá-los em experiência de vida.

SUGESTÃO

Olhe para os seus erros com vontade de aprender.

Especialista

Atribui-se a William Mayo (médico famoso nos EUA em inícios do século XX), ou ao filósofo Nicholas Butler (ganhador do Nobel da Paz de 1931), a seguinte definição de especialista: "especialista é aquele que sabe cada vez mais sobre cada vez menos".

A percepção irônica deve-se à distorção que o papel do especialista vinha sofrendo, desde quando foi identificado, em meados do século XIX. Inicialmente, o termo "especialista" referia-se à pessoa dedicada a determinado ramo de uma profissão ou atividade. No campo da medicina, sobretudo, o especialista era visto como alguém que possuía conhecimentos e habilidades excepcionais acerca de um tipo de doença, um método de tratamento ou uma "parte" do corpo.

Com o passar do tempo, saber muito sobre uma coisa em particular, ignorando as demais, produziu uma atitude de superioridade e arrogância perante os não especialistas. Como captou perfeitamente Theodor Adorno em seus estudos, por volta de 1950, o especialista parece ser um profissional unicamente motivado por um *know-how* objetivo, que lhe confere um lugar quase mágico entre os mortais:

> *Por meio da divisão universal do trabalho e da extrema especialização, o especialista não é apenas alguém que adquiriu um conhecimento especial a respeito de alguma coisa: ele detém um saber que as outras pessoas, os não especialistas, não podem dominar e no qual, não obstante, precisam confiar implicitamente, uma vez que se supõe que a especialização se baseie exclusivamente em processos racionais. Assim, o especialista tornou-se aos poucos o mago do mundo racionalizado, cuja autoridade precisa ser aceita de forma inquestionável sem violar o tabu sobre a autoridade cega.*

Millôr Fernandes (preciso citar novamente o "filósofo do Méier") tinha na ponta da língua uma definição ainda mais irônica para especialista: "capacidade de saber mais sobre cada vez menos, até saber tudo sobre nada".

Em contrapartida, os não especialistas, imersos na infodemia, correm o risco de saber cada vez menos sobre cada vez mais.

"TODO ESPECIALISTA TEM A SUA CORCUNDA."

(Friedrich Nietzsche)

O fascínio pelo conhecimento especializado (e até o subespecializado) se alimenta de uma mentalidade positivista, cientificista, segundo a qual cada disciplina deve zelar exclusivamente por seus próprios objetivos, linguagem e metodologia. O problema, como denuncia Nietzsche com a imagem da corcunda, é que o especialista começa a se encurvar, voltando-se para o seu próprio umbigo, fechando-se para o mundo.

Para que não fiquemos limitados em nossa visão e em nossos movimentos, necessitamos praticar um alongamento mental que nos ponha em contato com disciplinas conexas ao nosso conhecimento e em ligação com o olhar amplificador da filosofia.

Busquemos o equilíbrio: nem o especialismo exagerado, nem o enciclopedismo (ou o wikipedismo) desconjuntado.

Lembrando a analogia dos sapos e suas lagoas, que usei páginas atrás, e a adequando um pouco, teremos que encontrar uma situação intermediária.

O sapinho generalista em seu lagoão morrerá afogado se não incluir um certo especialismo em sua pesquisa e buscar lagoas menores.

O sapão especialista em sua lagoinha morrerá de sede se não ampliar seus objetivos intelectuais e saltitar em lagoas maiores.

SUGESTÃO

Dedique tempo a uma especialidade,
sem perder de vista os grandes temas.

Experiência

A escrita é uma experiência que só os escritores podem fazer, e a leitura é uma experiência que pertence aos leitores. Por outro lado, as experiências se entrecruzam. Os escritores precisam da leitura para verem seus textos existirem em outras mentes, e os leitores precisam dos textos para experimentarem os benefícios da leitura.

Escritores e leitores, professores e alunos são corresponsáveis na criação de âmbitos de aprendizado.

Pensemos no conceito de "experiência". Já refletiu sobre o tema? Qual a sua visão a respeito? Já pesquisou o que outros pensaram acerca das diferentes experiências que um ser humano pode ter?

Uma primeira afirmação a fazer, bem óbvia, é a de que todos os seres vivos têm experiências, todos estabelecem contato com a realidade e reagem de algum modo a partir desse contato. Um pequeno cachorro reconhece a voz da pessoa que lhe traz alimento. Reconhecendo a voz amistosa, vai ao encontro dessa pessoa. Tal reconhecimento e a reação correspondente tornaram-se possíveis em razão da experiência que se deu entre o cachorrinho e seu dono. Inumeráveis outros exemplos podem ser mencionados.

Num plano em que a racionalidade se impõe, falamos em experiência como observação dos fenômenos. Observando, avaliamos. E avaliando, formulamos os princípios de diferentes estudos científicos. Observando as variações climáticas, criamos a meteorologia. Observando o corpo humano, criamos a anatomia. Observando os diversos modos como as sociedades se organizam, criamos a sociologia. Observando nossos estados e processos mentais, criamos a psicologia.

"TER EXPERIMENTADO MUITAS COISAS NÃO SIGNIFICA TER ACUMULADO EXPERIÊNCIA."

(Marie von Ebner-Eschenbach)

A baronesa Marie von Ebner-Eschenbach foi uma importante escritora austríaca do século XIX. Em busca de uma citação para este capítulo, deparei-me com a autora até então desconhecida para mim. Procurei mais informações. Valeria a pena conhecer melhor a sua obra? A resposta é sim.

A nobre escritora captou uma sutileza da vida, neste breve aforismo. Há pessoas que passam por muitas situações, mas não transformam essas experiências existenciais numa filosofia de vida. Não elaboram nada. Pouco assimilam. As experiências se perdem. Não ganham a relevância que a meditação e a imaginação lhe poderiam conferir.

Mais do que distinguir experiências, é preciso distinguir experienciadores. Haverá um tipo de experienciador que mal reflete sobre suas sensações de dor ou prazer, perplexidade ou alegria, e outro que cultiva reações criativas.

Talvez a presença ou não do pronome possessivo marque a diferença entre as duas maneiras de atravessar experiências. O texto abaixo, do psicólogo Carl Rogers, qualifica-o como experienciador reflexivo:

> *É nos meus clientes e em mim mesmo que descubro que a vida é mais rica e mais fecunda quando aparece como fluxo e como processo. Essa descoberta provoca uma fascinação e, ao mesmo tempo, um certo temor. Quando me deixo levar pelo fluir da minha experiência que me arrasta para a frente, para um fim de que estou vagamente consciente, é então que me sinto melhor. Nesse flutuar ao sabor da corrente complexa das minhas experiências, tentando compreender a sua complexidade em permanente alteração, toma-se evidente que não existem pontos fixos.*

Suas palavras serviriam para descrever o que vivemos num processo pessoal de pesquisa.

SUGESTÃO

Antes de dormir, relembre as principais experiências do seu dia.

Fontes

Agostinho de Hipona fazia uma distinção sugestiva entre fonte e poço: "todo poço é uma fonte, mas nem toda fonte é um poço". Explicava ele que a água da fonte brota na superfície da terra. No caso do poço, a mesma água encontra-se em grande profundidade e deve ser trazida para cima, o que exige certo esforço.

Esteja ao alcance da mão ou no fundo do poço, a água é imprescindível. *Mutatis mutandis*, buscamos em diferentes fontes e poços a substância essencial para a vida de nossas pesquisas.

Por uma questão de praticidade, vamos primeiramente às fontes de consulta acessíveis e de fácil manuseio. Navegar na *web* sempre será proveitoso se tivermos garantias de que as páginas e *sites* visitados são confiáveis. Repositórios *on-line* de produção científica de universidades de prestígio têm água aos borbotões e de boa qualidade. Existem várias ferramentas eletrônicas de pesquisa bibliográfica, dentre as quais destacam-se o portal de periódicos da CAPES – Coordenação de Aperfeiçoamento de Pessoal de Nível

Superior (https://www.periodicos.capes.gov.br/), e o Google Acadêmico (https://scholar.google.com/).

À medida que exploramos novos territórios (às vezes muito áridos), descobrimos a existência de poços onde a água poderá saciar nossa sede com mais eficácia, aprofundando nossa compreensão a respeito das questões que nos ocupam.

Talvez o poço seja um livro ainda não traduzido para o nosso idioma. Talvez o poço seja um grupo específico de pessoas, como no caso de um mestrando em comunicação que entrevistou jovens de 18 a 21 anos sobre desinformação e *fake news* no jornalismo esportivo; ou de uma socióloga que estudou o fenômeno da russofobia nas décadas de 1930-1940 no Brasil, entrevistando filhos e netos de imigrantes russos que, naquela época, foram vistos como comunistas, mesmo sendo fugitivos do comunismo soviético.

"HÁ UM POÇO QUE NÃO ENTRA NA PALAVRA POÇO."

(Carlos Nejar)

A escolha de fontes (e de poços) depende do campo do conhecimento em que se está pesquisando.

Na ciência da computação e em outras áreas similares de investigação, deve-se dar atenção especial a trabalhos apresentados em congressos, *workshops*, etc., pois é nesses eventos que circulam as informações mais atuais.

Já em pesquisas que observam processos ao longo do tempo, é necessário aguardar relatórios completos, em que paciência e persistência foram determinantes. Imaginemos, por exemplo, uma pesquisa sobre o consumo de um tipo de alimento e sua relação com a saúde mental de indivíduos entre 50 e 80 anos. Quantos anos serão necessários para extrair o máximo de água dessa fonte profunda, verificando constantemente suas condições?

Um tipo de fonte muito útil para estudos na área da economia e da política são as fontes estatísticas, fornecidas, por exemplo, pelo IBGE – o Instituto Brasileiro de Geografia e Estatística e pelo IPEA – Instituto de Pesquisa Econômica Aplicada.

Uma fonte convencional, que pode guardar em si milhares de poços, são as bibliotecas. Se estiverem atualizadas e bem organizadas, são um manancial inesgotável. Mesmo bibliotecas abandonadas podem esconder imensos aquíferos sob suas camadas de poeira.

A dinâmica da pesquisa tem seus desdobramentos. Se você beber de boas fontes, mais cedo ou mais tarde suas produções de pesquisa se tornarão também fonte de água potável para outros sedentos pesquisadores.

SUGESTÃO

Valorize suas fontes, hidratando-se nelas.

Hipótese

Poderíamos definir hipótese como uma "verdade provisória" que nos ajuda a prosseguir, apesar de todas as incertezas e instabilidades.

Formular hipóteses faz a pesquisa começar e progredir. É uma abertura. Uma primeira aposta. Um abrir os olhos. Uma iniciativa.

Como pesquisadores, procuramos verificar as hipóteses que nós mesmos levantamos. A palavra "verificar" está vinculada à palavra latina *verus*, ao que é verdadeiro. Verificar é ver se há verdade naquilo que estamos vendo. Partirmos com uma verdade provisória entre as mãos, a fim de descobrir as suas reais possibilidades.

A beleza de uma hipótese reside em nos preservar do dogmatismo e do ceticismo. Concretamente, livra-nos das certezas dogmáticas não verificadas, e, em sentido oposto, da desconfiança desesperada.

Quem tem uma hipótese ainda não sabe, mas acredita no saber.

A hipótese serve como base imaginária, conjectural, para a construção de uma tese real. A etimologia indica, com a presença do prefixo *hipo* (de origem grega), que existe algo "sob", "debaixo de". Sob os pés dos pesquisadores, cria-se uma ponte que ligará o desconhecido (ou o mais ou menos conhecido) a um novo conhecimento.

Henri Poincaré, um dos maiores cientistas europeus dos últimos séculos, divulgador apaixonado da matemática, da física e da astronomia, distinguia três tipos de hipóteses: as naturais, as indiferentes e as que seriam verdadeiras generalizações, isto é, as hipóteses em sentido estrito.

"QUE SENTIDOS PODIA CONSTRUIR PARA O QUE LIA ESTE HIPOTÉTICO LEITOR?"

(Marisa Lajolo)

Hipóteses naturais são aquelas que aceitamos como necessárias para o exercício da pesquisa. São crenças indiscutíveis, graças às quais ganhamos força para progredir, sem precisar reinventar a roda. Podemos pensar nas leis da simetria ou na ideia de que há uma causa para cada efeito. Crenças como a de que existe uma grande complexidade sob a aparência da simplicidade, e de que existe uma grande simplicidade sob a aparência da complexidade tornam possível fazermos análises (para descobrir a complexidade) e sínteses (para descobrir a simplicidade).

As hipóteses indiferentes, ainda segundo Poincaré, estariam ligadas às nossas convicções subjetivas que, em princípio, não afetariam a constatação das verdades científicas. Um exemplo atual seria a teoria do *big bang*.

A explosão cósmica que explicaria a origem, expansão e evolução do universo pode ser adotada por ateus ou por pessoas que creem num Deus criador. (Aliás, quem primeiramente propôs essa teoria foi o padre e cientista Georges Lemaître.)

Quanto ao terceiro tipo, trata-se das hipóteses propriamente ditas, que serão confirmadas ou descartadas em virtude do trabalho de pesquisa. Mesmo as que precisaremos descartar são fecundas, exatamente pelo fato de nos afastarem da ignorância de modo claro e radical. Aliás, as hipóteses derrubadas com plena certeza talvez tenham prestado mais serviços à ciência do que as hipóteses reais.

Propor hipóteses é ato consciente. Em oposição a isso, as hipóteses inconscientes representam um verdadeiro perigo. São aquelas que não conseguiremos descartar, pois estão profundamente arraigadas, misturando-se ao autoengano. E tampouco conseguiremos validar, o que também é limitante.

Por serem inverificáveis, hipóteses inconscientes trabalham contra nossas próprias pesquisas. A ciência, sozinha, não conseguirá evitá-las. Devemos retroceder para avançar. A filosofia sugere a pesquisa interior do autoconhecimento.

SUGESTÃO

Faça um levantamento de hipóteses que poderão dar início a novas pesquisas.

Indagação

Algo se torna nosso quando é objeto de nossas indagações. Ao fazer perguntas sobre determinado tema e obter algumas respostas, cresce a minha familiaridade com relação a esse tema. Toda indagação serve para trazer à tona elementos da realidade em que estamos incluídos de modo não consciente o bastante.

Indagações científicas ou filosóficas interrompem nosso estado de relativa distração e nos põem à disposição para aprender. Indagar pressupõe firme tomada de posição a favor do conhecimento. Os céticos mais radicais, e mais coerentes, não deveriam fazer nenhuma indagação ou pesquisa, dado que, segundo o ceticismo *tout court*, nada há verdadeiro ou falso, ou tudo é igualmente verdadeiro e falso. Tanto faz como tanto fez.

Para quem pesquisa, todavia, nada se furta a indagações. Ou, melhor dizendo, nenhuma pesquisa pode ser assim denominada se não se basear na indagação cuidadosa a respeito do assunto que se precisa perseguir, delimitar, dominar e destrinçar.

A etimologia confirma a força da palavra, aludindo a uma antiga estratégia de caça. O verbo "indagar" provém do latim *indagare*, que se decompõe em dois termos: *intus* ("dentro", "no interior") + *agere* ("agir", "mover-se"). *Indagare* consistia, na prática dos caçadores, em seguir a pista de um animal (por exemplo, um javali), localizá-lo, cercá-lo, movendo-o e forçando-o então a seguir determinada direção até uma armadilha de redes previamente preparada.

A imagem da caça sugere que o pesquisador segue o rastro do seu tema de investigação (tema arisco, perigoso...), impelindo-o para dentro de uma área cercada de redes, a fim de analisá-la com profundidade.

Indagar, portanto, é uma etapa inicial da pesquisa que requer mobilização e ousadia. Precisamos caçar com determinação. Mas determinação sem método é gasto de energia com magros resultados. Mediante um método indagatório eficaz, cercamos e conduzimos a presa para dentro da nossa armadilha.

"A JANELA E O VULTO IMOBILIZADO PROÍBEM QUALQUER INDAGAÇÃO."

(Carlos Drummond de Andrade)

Num livro dedicado à formação de pesquisadores em história da filosofia, o pensador italiano Rodolfo Mondolfo, escrevendo no contexto educacional da década de 1940, refletia sobre a tarefa fecundadora da indagação (no sentido amplo de pesquisa) ao longo do tempo:

Cada novo indagador pode comparar-se a um cultivador que recebe das mãos dos seus antecessores as ferramentas de trabalho e o cuidado da terra. A terra-mãe sempre promete e outorga novas colheitas ao agricultor que a lavra com esforço assíduo e constantemente renovado; e assim a história da filosofia, não menos do que outras esferas de indagação científica, pode dar aos novos investigadores possibilidades constantes de novos resultados como recompensa aos seus esforços.

Com essas duas metáforas (a da caça a uma presa perigosa e a do cultivo constante da terra), vislumbramos a indagação como atividade vital para alimentar a alma e a mente dos demais. Os pesquisadores, como Mondolfo ensinava também, não se beneficiam isoladamente do aperfeiçoamento intelectual e cultural proporcionado pela pesquisa. O que aprendem, estudando, analisando, contribui (na docência e na produção de textos) para o progresso comum da sociedade.

A formulação de hipóteses e o método da indagação, articulados, são um duplo caminho.

Externamente, esse caminho nos promete bons frutos. Internamente, nos garante maior autenticidade como andarilhos em busca de sentido.

SUGESTÃO

Indague-se sobre o andamento atual de suas pesquisas.

Inovação

A psicóloga suíça Aniela Jaffé, secretária pessoal de Jung, contava que o criador da psicologia analítica desenvolvera uma atitude fundamental em relação aos acontecimentos do seu dia a dia:

> *Ele preferia deixar as coisas se desenvolverem por si mesmas.* Don't interfere! *(Não interfira!) era um dos seus lemas, que vigorava por tanto tempo quanto fosse possível manter sem perigo uma atitude de expectativa e observação. Situações que exigiam interferência eram absolutamente exceção. Nisso a atitude de Jung era tudo menos indolente, mas acima de tudo havia a curiosidade característica do pesquisador diante da vida e dos acontecimentos.*

Paradoxalmente, essa atitude que muitos considerariam passiva era a maneira pela qual Jung recebia ativamente as "mensagens" de algo novo. Não havia passividade em seu comportamento. Ao contrário. Não interferir, pelo menos inicialmente, era agir de uma forma diferente do previsível, do automático, para que o inesperado surgisse.

Nossa vontade de controlar os processos criativos de cabo a rabo pode provocar o contrário do que desejamos. Querendo monitorar cada passo dos processos criativos, impedimos que tais processos ocorram com a espontaneidade que lhes é natural. Controladores tendem a inibir a inovação pela qual tanto anseiam. Isto não autoriza, porém, a adoção de um "quietismo" que nada faz, sob o pretexto de que o universo realizará tudo sozinho.

Como vemos acontecer tantas vezes em vários âmbitos da vida, o equilíbrio conjuga os dois polos, despolarizando-nos e tornando mais flexível a nossa visão das coisas.

A sabedoria de um pesquisador experiente consiste em extrapolar. Em receber ativamente e em atuar receptivamente.

Nem será um ativista controlador, nem um quietista alienado.

"A APRENDIZAGEM PROMOVE A INOVAÇÃO E É, AO MESMO TEMPO, CONSEQUÊNCIA DA INOVAÇÃO."

(Oscar Picardo Joao)

A inovação foge daqueles que querem inovar a qualquer preço. Quem se vira do avesso na ânsia de ser considerado um genial vanguardista poderá entrar para a história como um mercenário da novidade passageira e sem valor.

Ariano Suassuna, extremamente criativo como escritor, poeta, dramaturgo, romancista, ensaísta, professor e palestrante, alertava para o perigo da "mania de inovar". Os que temem não ter nada de novo a dizer ou fazer esquecem que a inovação se dá, geralmente, quando nos voltamos para as conquistas do passado e as revisitamos em novo contexto.

Em suas reflexões sobre criatividade e cultura, a artista e teórica da arte Fayga Ostrower (pintora, desenhista, ilustradora, ceramista, escritora e professora) censurava também o desejo obsessivo e superficial pelo novo. Reprovava organizadores de exposições internacionais, diretores de museus e críticos de arte que só tinham olhos para o novíssimo, e que falavam numa "língua-espuma", vazia e pobre de imaginação.

Para ela, a própria oposição novo/antigo não fazia sentido. Mais relevante seria pensar numa criatividade não identificada equivocadamente com a ideia de inovação. "É da natureza do ato criador inovar", dizia Fayga, "mas a recíproca não é verdadeira: a inovação nem sempre é criação".

Mais do que inventar algo insólito ou chocante, inovar (na arte, em sentido geral, e na específica arte de pesquisar e ensinar) é conceber formas originais de exprimir uma novidade valiosa, ou um segredo guardado em nosso inconsciente...

SUGESTÃO

Crie coisas novas sem se escravizar às novidades.

Interdisciplinaridade

O pensador maranhense Hilton Japiassu realizou no seu livro *Interdisciplinaridade e patologia do saber* um estudo amplo e profundo sobre o que não é e sobre o que é interdisciplinaridade.

Primeiramente, indica ele que não se trata de uma moda do esnobismo intelectual, mas de "uma nova etapa de desenvolvimento do conhecimento e de sua repartição epistemológica". Também não se trata de uma panaceia, de uma solução milagrosa para todas as complexas questões que as ciências especializadas não conseguem compreender de modo pleno. Interdisciplinaridade, diz ainda Japiassu, não se confunde com pluridisciplinaridade, que se dá numa determinada prática de ensino. Um empreendimento interdisciplinar está relacionado, sim, à necessidade de formar profissionais que não sejam cientistas de uma só especialidade, mas tal formação encontra-se no nível da pesquisa mais do que no do ensino.

O que fundamentalmente caracteriza a pesquisa interdisciplinar é a busca da integração de duas ou mais disciplinas, no que se refere aos conceitos e aos métodos.

Essa integração é uma interação orientada à resolução de problemas que uma "fatia" só do saber não conseguiria alcançar.

Os inúmeros problemas que afligem a humanidade em nosso tempo, desde as guerras selvagens (que parecem ser vistas como "coisa normal" no mundo) ao drama de milhares de refugiados e migrantes, à violência urbana, à profunda desigualdade social, à fome, à escassez de água, às mudanças climáticas, exigem uma visão, uma imaginação e uma ação interdisciplinares.

"EU SOU INTERDISCIPLINAR POR FORMAÇÃO."

(Georges Duby)

Como na piada do homem (em algumas versões ele está bêbado) que procura a chave de casa, no meio da noite, perto do poste de luz, o especialista procura a solução onde lhe parece mais fácil procurar, à luz de sua própria especialidade. A chave, no entanto, só será encontrada (assim o esperamos!) quando o local estiver iluminado por muitos outros postes, e a busca for empreendida por um grupo de especialistas de distintos campos do saber.

Ampliando um pouco mais a imagem do poste e da chave perdida, os especialistas (de forma alguma embriagados com sua *expertise*) precisam conversar entre si, conhecer os limites de suas metodologias (a luz do poste de cada um), conjugando pontos de vista para descobrirem onde, afinal, está a chave. Se é que não há mais de uma chave!

Quanto à profissão docente, a professora Ivani Fazenda defende uma formação interdisciplinar em que se valorizem quatro competências.

A primeira é a competência intuitiva, ligada à indagação, à pesquisa e à leitura, o que incita os alunos a indagarem mais, a pesquisarem mais, a lerem mais.

A segunda é a competência intelectiva, que envolve definição, organização e classificação das ideias, além do pensamento analítico e reflexivo.

A terceira é a competência prática, conciliando improvisação e planejamento, valorização dos conhecimentos já adquiridos e inovação.

A quarta é a competência emocional, em virtude da qual é possível realizar a "leitura da alma". A busca do conhecimento se dá em convergência com o autoconhecimento e com a convivência entre pessoas com diferentes modos de ver a vida.

Pensar e agir de modo interdisciplinar pressupõe da nossa parte um longo aprendizado, com autêntica abertura para as promessas e riquezas da pesquisa.

SUGESTÃO

Entenda: nenhuma área do conhecimento é inútil.

Interesse

Se dividirmos ao meio a palavra "interesse", teremos, a partir do ponto de vista etimológico, duas palavras latinas.

O prefixo *inter*, que significa "entre", "dentro de"; e o verbo *esse*, que corresponde ao nosso verbo "ser", em ligação com a palavra *essentia* ("essência").

Reunindo de novo os dois "pedaços", adquirimos agora uma compreensão mais profunda do termo "interesse", conforme argumentam vários pensadores.

O filósofo espanhol Julián Marías, explicando de que modo alguém se interessa pela presença de outras pessoas, dizia que o olhar desse alguém manifesta interesse, "está entre" (*inter esse*), examina, investiga, observa o ambiente onde se encontra. Quando eu me interesso por conhecer ou reconhecer outras pessoas, minha maneira de estar entre elas é lançar meu olhar na direção de cada rosto, de cada corpo.

Para a filósofa Hanna Arendt, a palavra "interesse", em contexto político, não se refere apenas às necessidades materiais dos seres humanos, mas ao fato de convivermos com pessoas diferentes que compartilham, sem dúvida, interesses comuns. O nosso *inter esse* consiste em conviver. Este interesse é intrinsecamente humano.

A palavra "interesse" torna-se muito mais interessante quando nos posicionamos pessoalmente dentro (*inter*) do ser (*esse*). Uma pesquisa relevante foge da abstração excessiva e nos encaminha para as coisas vivas, para as coisas existentes, que podemos tocar e que tocam o nosso ser.

Em contraposição, o "desinteresse" pode ser definido como um distanciamento deliberado do *esse*, da existência, da vida, de coisas importantes que deveriam nos atrair o interesse.

"O AGORA E O INFINITO,
SÓ O QUE ME INTERESSA."
(Lenine)

Ao escolher um tema de pesquisa que seja do nosso real interesse, garantimos, de certo modo, que iremos até o final. E por ser uma escolha voltada para as coisas existentes, e não para algo restrito que interessasse somente a um único indivíduo (um projeto egoístico), cremos que o tema tocará muitas outras pessoas. Um tema interessante de pesquisa configura uma pesquisa de interesse público.

Diferentemente do interesse em estar entre as coisas vivas e em comunicar-se abertamente com as pessoas com quem convivemos, há o interesse em sensacionalismos ou em modismos. Esse tipo de interesse, à primeira vista digno de apreço geral, costuma estar marcado por ideologias unilaterais (e superficiais) que buscam capturar adesão, oferecendo, em troca, pouquíssima reflexão.

O interesse como um valor primordial da formação docente nos beneficia como seres pensantes e dialogantes. Tomamos consciência, aqui e agora, de que vale a pena analisarmos algo. O que é interessante me torna uma pessoa interessada, empenhada, compromissada.

E o que, afinal, interessa pesquisar em educação?

Na opinião de Isabel Alarcão, o estudo da linguagem docente é uma questão interessante, em referência direta ao desenvolvimento pessoal e profissional dos professores.

Os novos letramentos (letramento digital, letramento em informação, letramento em mídia, letramento em redes sociais, etc.) têm inegável atualidade e merecem a nossa investigação.

O tema da aprendizagem criativa é interessante. O tema da qualidade de ensino é interessante. O tema do analfabetismo funcional é interessante. O tema da violência na escola é interessante. O tema da formação docente continuada é interessante.

Outros tantos temas de interesse distribuem-se pelas áreas das práticas pedagógicas, das políticas públicas educacionais, do cotidiano escolar, da avaliação, etc.

SUGESTÃO

> Pense em temas de pesquisa que você considera interessantes.

Método

O filósofo e teórico da educação Mortimer Adler distinguia três métodos de ensino que ocorrem em sala de aula, a saber: doutrinação, palestras e questionamentos.

Desses três, o primeiro método é o menos eficaz, embora talvez seja o mais utilizado ainda hoje. Adler referia-se aos professores que apresentam um conteúdo a ser memorizado e reapresentado pelos alunos. É o também chamado instrucionismo, mera transmissão de informação. A tecnologia mais avançada pode, simplesmente, reforçar esse método. A educação a distância instrucionista nada mais é do que uma forma sofisticada de cometer as mesmas falhas pedagógicas que se apoiam na velha decoreba.

O método baseado em palestras também consiste na comunicação de conteúdos por parte dos professores, mas há uma tentativa de superar a simples memorização. Espera-se que os alunos façam perguntas para compreenderem melhor o que foi comunicado. E cabe ao educador que adota esse método estar aberto a todo tipo de pergunta. Nenhuma indagação será desprezada. Toda dúvida é valiosa. A intenção é aproveitar as reações dos alunos para esclarecer melhor o que se pretendia ensinar.

O terceiro método, que Adler considera superior aos outros dois, é o dos questionamentos/discussão. Mais do que dizer o que sabe, o professor levanta questões e faz perguntas provocativas. Esse era o método que Sócrates utilizava em Atenas. Para além da transmissão de instruções, do treinamento, da memorização ou mesmo de uma explicação mais personalizada, trata-se, por definição, do método do diálogo e da criatividade. Professores e alunos trilhando juntos o caminho das descobertas.

É claro que, como ocorria com Sócrates, o mestre continuará a ser mestre e o aprendiz a ser aprendiz. Contudo, a característica essencial deste método é que mestres e aprendizes exercitam o espírito de pesquisa, acessando conhecimentos prévios (dimensão teórica), lembrando experiências pessoais (dimensão prática), problematizando o que já parecia consagrado (dimensão crítica), e apontando para a necessidade de constante atualização (dimensão autoformativa).

"TODO MÉTODO É UMA FICÇÃO."

(Stéphane Mallarmé)

O melhor método, afinal, é aquele que inventamos. E seja qual for esse caminho (*méthodos*, em grego, significa "caminho de acesso"), cada qual terá que percorrê-lo com seus próprios pés. Não é algo que se faça de modo maquinal, sem sofrimento.

No seu belo *Diário de escola*, Daniel Pennac imagina um diálogo entre professor e aluno, em que se revela o que infunde vida e sentido a todos os métodos:

– Ande, você, que sabe tudo sem nada ter aprendido, qual é o meio de ensinar sem estar preparado para isso? Existe um método?

– É o que não falta, só dá isso, métodos! Vocês passam o tempo a se refugiar nos métodos, enquanto, no fundo, sabem muito bem que o método não basta. Falta-lhe algo.

– O que é que lhe falta?

– Não posso dizer.

– Por quê?

– É um palavrão.

– Pior do que "empatia"?

– Sem comparação. Uma palavra que você não pode pronunciar numa escola, num liceu, numa faculdade, ou em nada que se assemelhe a isso.

– A saber?

– Não, verdade, não posso...

– Ande, vá!

– Não posso, estou lhe dizendo! Se você soltar esta palavra falando de instrução, vai ser linchado.

– ...

– ...

– ...

– O amor.

SUGESTÃO

Invente seu método pessoal, a partir dos métodos já existentes.

Monografia

No seu livro *Fazer monografia é moleza*, o professor e pesquisador carioca José Abrantes utiliza uma definição abrangente de monografia, incluindo nesta categoria trabalhos científicos em nível de graduação e de pós-graduação *lato sensu*, dissertações de mestrado e teses de doutorado.

Publicado em 2007, este livro do professor Abrantes mereceria uma atualização, para dar conta de normas técnicas de produção de texto acadêmico que surgiram de lá para cá; mas o que nos interessa especialmente é sua compreensão conceitual de monografia, condizente, aliás, com a origem etimológica da palavra.

Monografia é um "trabalho escrito" (*graphos*, em grego) sobre um "único" (*monos*, também em grego) assunto, um único tema. Com mais profundidade no caso de um doutorado, de um mestrado, mas sempre com a preocupação de concentrar todos os esforços de pesquisa sobre uma questão específica.

Realizar uma pesquisa monográfica é "moleza" e, ao mesmo tempo, não é "moleza". Sua "dureza", ou seja, o fato de que precisamos nos ater a um único tema, é o caminho que viabiliza a própria pesquisa.

Olhando pelo ângulo dos prazos a cumprir, o esforço é enorme. Utilizamos dezenas ou até centenas de horas para produzir um trabalho de pesquisa relevante. É preciso consultar outras monografias, artigos científicos, publicações especializadas. É preciso dedicar tempo a escrever, escrever, reescrever. Quem é perseguido pelo fantasma da dispersão sabe que ele devora nosso tempo com uma fome insaciável.

É "mole" determinar as tarefas para escrever uma monografia: definir um tema, reunir dados e informações, analisar, compreender esses dados e informações com espírito crítico e, finalmente, comunicar os resultados por escrito.

"O ESFORÇO NECESSÁRIO PARA ESCREVER UMA MONOGRAFIA NEM SEMPRE É DEVIDAMENTE VALORIZADO."

(Helena Wulff)

Recorro à autoridade do filólogo e linguista Othon Moacir Garcia, que, no seu livro *Comunicação em prosa moderna*, é ainda mais preciso e enfático: "procure primeiro saber o que *há*, o que *é*, o que se *fez*, o que se *faz*, o que se *diz*; enfim, observe os fatos, colha os dados, analise-os, classifique-os, discuta-os e conclua".

O "duro" mesmo, e isso vale tanto para as *hard sciences* quanto para as *soft sciences*, é manter-se dentro dos limites do tema escolhido, sem, no entanto, cair na rigidez formalista, numa estreiteza que, sob pretexto de objetividade e cientificidade, faria nossa curiosidade intelectual morrer de inanição.

Por fim, não poderíamos esquecer um clássico brasileiro da metodologia científica, *Como fazer uma monografia*, do professor mineiro Délcio Vieira Salomon, em que aprendemos algo fundamental: o pré-requisito indispensável para escrever uma monografia é aprender a pensar. Exercer a reflexão, insistia ele, é sempre o mais importante na prática da pesquisa científica ou mesmo, em ponto menor, na pesquisa experimental e observacional.

Professor Délcio acreditava que a missão da universidade era conduzir o estudante a um processo de autodesenvolvimento que o transformasse num pesquisador genuíno, e num responsável trabalhador intelectual:

> *A formação da mentalidade científica, como finalidade precípua da Universidade, demanda a aquisição de método para pensar e para trabalhar. A própria inteligência, que tantos concebem como o valor máximo a ser cultivado e desenvolvido, necessita de método para melhor atingir sua finalidade.*

SUGESTÃO

Não perca o contato com a universidade em que você estudou.

Nota de rodapé

O escritor francês Georges Perec, obcecado pelos labirintos espelhados da arte de escrever, incluiu em seu livro *Espèces d'espaces* [Espécies de espaços] uma nota de rodapé sobre sua paixão por notas de rodapé. Escreveu ele nessa nota: "Eu adoro as notas de rodapé, mesmo quando não tenho nada de particular a acrescentar com elas".

Com sua inefável ironia, Perec nos ensina pelo menos duas coisas. Que podemos usar notas de rodapé por simples gosto, ou para incluir uma informação importante, separada do próprio texto, a fim de não interromper o fluxo da leitura.

No entanto, há leitores que também são tão fascinados por notas de rodapé que interrompem sempre a leitura do texto a fim de saberem o que dirá de especial a nota de rodapé.

Ainda no campo literário, vale a pena mencionar o romance *Graça infinita* (publicado em 2014), de David Foster Wallace, com suas mais de 300 notas. O autor queria testar a nossa paciência? Estaria ele fazendo uma crítica debochada aos trabalhos acadêmicos, cheios de alusões e ressalvas, mas às vezes tão vazios de real conteúdo? Ou pretendia enfatizar a ideia de que nosso tempo sofre com uma avalanche imparável de mais e mais informações, que transbordam do texto para o rodapé?

A nota de rodapé (ou "nota de pé de página") geralmente é inserida na parte inferior da página, trazendo informações bibliográficas, remetendo a outras partes do mesmo trabalho, inserindo observações sobre algo que foi escrito naquela mesma página, ou acrescentando alguma curiosidade mais ou menos erudita que, a rigor, poderia ser dispensada.

Esta é a função bem-comportada e largamente conhecida de uma nota de rodapé. E é o que nos ensinam os manuais de estilo acadêmico. No entanto, pesquisando melhor, sempre podemos nos surpreender...

"TODA A TRADIÇÃO FILOSÓFICA EUROPEIA CONSISTE NUMA SÉRIE DE NOTAS DE RODAPÉ A PLATÃO."

(Alfred North Whitehead)

Um historiador estadunidense chamado Anthony Grafton escreveu um livro sobre a nota de rodapé! Tema aparentemente de pouca importância, mas que, na verdade (e isso ocorre mais frequentemente do que podemos imaginar), permite ao pesquisador abordar com originalidade questões de grande interesse.

No caso do livro de Grafton – *As origens trágicas da erudição: pequeno tratado sobre a nota de rodapé* –, o objetivo é compreender a nota de rodapé como um instrumento fundamental dos historiadores, no contexto das disputas em torno da verdade dos fatos. Ao exporem o resultado de suas pesquisas, devem os estudiosos citar as obras em que encontraram informações idôneas... Ou denunciar as que trazem informações errôneas.

Desde o século XVIII europeu, já se identificava como sinal de uma boa pesquisa historiográfica a existência de notas de rodapé. Grafton atribui ao filósofo francês Pierre Bayle o impulso decisivo para a adoção desse critério. Bayle havia publicado em fins do século XVII um grande dicionário histórico, cujos artigos eram acompanhados por inúmeras *remarques* ("comentários"). Tais comentários não eram acessórios, mas conferiam autoridade ao escritor, evidenciando seu rigor intelectual, seu espírito crítico, seus escrúpulos de compilador e seu amor à verdade.

Para além do campo da pesquisa histórica, as notas de rodapé (perdoem o trocadilho) caminharam então a passos largos e conquistaram lugar de honra.

SUGESTÃO

Valorize as notas de rodapé em suas leituras e em suas pesquisas.

Objetividade

Objetividade e subjetividade se opõem. Esta afirmação parece óbvia e indiscutível.

Se concluímos que um sujeito pensante está do lado da "subjetividade" e o objeto pensado, do lado da "objetividade", temos um esquema simples diante dos olhos, igualmente óbvio e indiscutível. O objeto está fora do sujeito. E os pensamentos do sujeito a respeito do objeto estão dentro do sujeito. Não há possibilidade de dúvidas ou confusões.

Contudo, nunca foi tão simples assim. Lembremos que um sujeito pensante que quer conhecer outro sujeito pensante encontra neste sujeito aspectos "objetivos" e "subjetivos". Um sujeito pensante não é um "objeto" de análise como seria um objeto não pensante.

Quando um sujeito pensante quer conhecer outro sujeito pensante, surge de imediato uma expectativa mais do que plausível: a de que o sujeito pensante que começa a ser conhecido quererá também conhecer (e influenciar) o sujeito pensante que deseja conhecê-lo. De tal sorte que há, neste caso, uma "objetividade relacional", segundo o pensador espanhol Alfonso López Quintás.

O sujeito que conhece não é um mero descritor de realidades. Descrever algo com minúcia não é propriamente conhecer. Para chegarmos a um conhecimento objetivo, verdadeiro, precisamos, paradoxalmente, aprofundar nossa condição de seres pessoais que se envolvem subjetivamente com aquilo que conhecem.

Ao pesquisar algum tema, sobretudo quando esse tema está ligado à vida humana (e eu pergunto qual tema neste mundo não estará ligado à vida humana!), devemos superar o esquema simplista de uma objetividade pura diante de uma pura subjetividade.

O conhecimento objetivo é subjetivo. O conhecimento subjetivo é objetivo. E, para surpresa dos objetivistas, nenhum objeto do nosso conhecimento é apenas um objeto. De algum modo, os objetos de estudo ganham densidade e nos dizem algo. Podemos estabelecer com eles algum tipo de relação e diálogo.

"A MINHA OBJETIVIDADE RIGOROSA COMO CIENTISTA E A MINHA SUBJETIVIDADE QUASE MÍSTICA COMO TERAPEUTA."

(Carl Rogers)

Devemos ser objetivos e ter objetivos. Todo projeto de pesquisa exige essa dimensão. É humanamente impossível, porém, não "contaminar" a realidade com nossa personalidade, com nossos gostos e desejos, com nossas opiniões e idiossincrasias, com nossas antigas vivências. E, em contrapartida, ao experimentarmos os objetos, a fim de conhecê-los, somos também "contaminados" por suas qualidades.

Não estamos relativizando nada aqui, mas enfatizando o que há de relacional em toda forma de conhecimento. Os objetos me mostram sempre somente alguma de suas facetas. Onde estão as outras? Não posso vê-las, porque eu mesmo estou num determinado lugar, do qual vejo algumas coisas e não consigo ver muitíssimas outras. Aliás, a regra é essa: os objetos sempre superam os sujeitos.

Mas não é menos verdade que os sujeitos sempre superam os objetos, no sentido de que podem ir para além dos seus próprios pontos de vista. O conhecimento das coisas inclui a imaginação, o sentimento e a intuição, sem as quais a ciência se empobreceria terrivelmente.

Em suma, a objetividade sem subjetividade e a subjetividade sem objetividade só nos desviam da pesquisa.

Objetivismo e subjetivismo são dois nomes para o mesmo equívoco epistemológico, em que pretendemos, com certa arrogância, delimitar a realidade, controlar as coisas, situá-las no tempo, fixá-las no espaço... E então a realidade mostra-se rebelde, e escapa das nossas mãos manipuladoras.

SUGESTÃO

Desenvolva uma objetividade pessoal e criativa.

Orientação

Ninguém consegue caminhar sozinho o tempo todo. Por isso, é sempre bom, em nosso trabalho de pesquisadores, contar com a orientação de quem já trilhou caminhos semelhantes. A figura do orientador não é a do mestre infalível que sabe tudo. Os melhores orientadores são aqueles que estão sempre dispostos a aprender com os acertos e tropeços dos seus orientandos, a quem devem apontar boas sendas de pesquisa.

Cláudio de Moura Castro escreveu um ensaio chamado "Memórias de um orientador de tese", incluído no livro *A aventura sociológica*, organizado por Edson de Oliveira Nunes. Nessas breves (e um tanto rabugentas) memórias, o professor Moura Castro expressa sua opinião sobre o papel do orientador:

> *O orientador deve permitir e estimular divergências de opinião entre o orientando e ele próprio. Sua função não é de catequizar ou doutrinar, mas sim de levar sua crítica ao extremo lógico daquilo que pode ser demonstrado factualmente ou teoricamente. [...] Por persuasão ou por índole, orientadores variam em seus estilos de trabalho.*

Uns são pacientes, outros afoitos; uns são benevolentes, outros zangados. É importante que o aluno conheça antecipadamente as regras do jogo e as idiossincrasias do seu orientador.

Para o economista e professor francês Michel Beaud, orientadores são como remédios: precisamos fazer bom uso deles, o que significa evitar tanto a dose excessiva (*overdose*) quanto a dose insuficiente (*underdose*). Não há uma "posologia" fixa, mas é interessante poder trocar ideias com o orientador com certa regularidade.

Em sua *Arte da tese*, Beaud formula uma série de perguntas em busca de um "bom orientador": "demonstra-se ele disponível para atender os orientandos?", "é considerado um pesquisador competente?", "interessa-se pelo tema da pesquisa em questão?", "lê com atenção os textos de seus orientandos?", "promove encontros e debates abertos para seus orientandos e alunos?".

"ORIENTAR É EDUCAR PARA A DECISÃO."

(Mariano Yela)

Em seu livro *Filosofia mínima*, o professor e escritor gaúcho Luís Augusto Fischer conta uma fábula sobre a relação orientador-orientando, que eu reconto aqui de maneira mais sucinta.

Estava o coelho no meio do mato, digitando em seu *laptop*, quando se aproximou dele a raposa:

– Meu caro e estudioso coelho, o que está fazendo aqui, tão sozinho e tão concentrado?

– Estou escrevendo a conclusão da minha tese de doutorado.

– Ah, que interessante! E qual é o tema da sua pesquisa?

– Minha hipótese – respondeu o coelho – é que, na verdade, o coelho é o predador das raposas, e não o contrário.

A raposa sorriu, lambeu os beiços e estava pronta para abocanhar o coelhinho, quando este acrescentou, calmamente:

– Quer uma comprovação dessa hipótese? Basta vir comigo até a minha toca!

Imaginando que na toca encontraria outros coelhos para banquetear-se, a raposa seguiu o jovem pesquisador. Os dois entraram na toca. Após um grito de terror, ouviram-se sons medonhos de mandíbulas famintas e, por fim, o silêncio.

Meia hora mais tarde, o coelho saiu pulando tranquilamente, com seu *laptop* debaixo do braço. Dentro da toca, ao lado da pele e dos ossos da raposa, dormia o imponente leão, feliz da vida pelo almoço que o coelho lhe trouxera.

Moral da história: seja qual for o tema da sua tese, é importante contar com um orientador experiente!

SUGESTÃO

Escolha um bom orientador,
e confie nele.

Originalidade

No livro *Falar bem e ensinar melhor*, analisei brevemente o termo "originalidade", pensando na ideia do regresso às origens. Originalidade como retorno às origens, a fim de rever as coisas em sua força própria, com radicalidade.

Podemos tomar agora outro rumo de análise e distinguir dois tipos de originalidade: a "originalidade espontânea" em contraste com a "originalidade intencional".

A originalidade espontânea ocorre sem premeditação. Durante uma conversa descontraída entre amigos, por exemplo, alguém solta uma frase diferente do que se ouve em geral. Certa vez, no animado ambiente de uma festa, disse um rapaz aos seus colegas: "Olha só, a culpa é minha e eu a coloco em quem eu quiser!". Uma frase engenhosa, e jocosa, que seu autor concebeu quase sem perceber.

Outro exemplo de originalidade espontânea. Numa aula de filosofia, a professora pediu a um dos alunos que, em poucas palavras, explicasse o conceito do *cogito* cartesiano. Bastante nervoso, mas com criatividade de sobra, o rapaz disse: "Tenso, logo existo!". O trocadilho tem um toque de gênio, ao transformar o verbo "penso" no adjetivo "tenso". A ação racional, que a professora esperava, é substituída pelo estado emocional do aluno improvisador.

A originalidade das crianças entra nessa categoria da espontaneidade. O médico, poeta e jornalista Pedro Bloch era fascinado pelas definições que as crianças inventam. Reuniu vários desses verbetes inusitados no seu *Dicionário de humor infantil*:

> *CALCANHAR – é o queixo do pé.*
> *COBRA – é um bicho que só tem rabo.*
> *RELÂMPAGO – é um barulho rabiscando o céu.*
> *BOCA – é a garagem da língua.*

"A MINHA ORIGINALIDADE, SE É QUE EXISTE, ESTÁ EM TRANSITAR PELOS VÁRIOS GÊNEROS DA FOTOGRAFIA."
(Bob Wolfenson)

A originalidade intencional, por outro lado, nasce da pesquisa avançada. Há uma busca deliberada de inovação e singularidade. Identificam-se os padrões existentes, as soluções canonizadas, mas o objetivo maior é encontrar o que ainda não foi padronizado nem aprovado.

Não se trata de buscar o extravagante. A premissa da originalidade dispensa o estapafúrdio, bem como a falsa ideia de que na ciência, na arte, na técnica, ou em qualquer outro campo do saber e do fazer humanos, chegou-se alguma vez ao apogeu insuperável. A inteligência humana sempre soube descobrir novas realidades, ou novos aspectos da mesma realidade, ou novas combinações de realidades distintas.

Embora não tenham realizado grandes descobertas, pesquisadores originais podem aprofundar descobertas já feitas, como foi o caso da psicanalista Melanie Klein, que aprofundou a percepção freudiana de que a agressividade e o amor são forças organizadoras da psique.

Outra possibilidade inovadora é a de desenvolver inspirações alheias. Em suas pesquisas literárias, o genial Goethe deparou-se com antigas lendas populares que narravam um pacto do erudito alquimista Johannes Georg Faust com o demônio. O que no passado foi uma história popular original tornou-se, séculos depois, o poema trágico *Fausto*, autêntica obra-prima.

Finalmente, também é originalidade divulgar com clareza *insights* de outros pesquisadores que a maioria das pessoas teria dificuldade de acessar ou compreender. Veja-se o exemplo do paleontólogo, professor e historiador da ciência Stephen Jay Gould, já falecido. Com seus numerosos livros e mais de 700 artigos e ensaios, é reconhecido como um dos mais ativos divulgadores científicos do século XX.

SUGESTÃO

Descubra e desenvolva a sua originalidade.

Pesquisa

Toda pesquisa exige, em princípio, quatro elementos em articulação: clareza de objetivos, orientação teórica, dados empíricos e linguagem adequada.

Pesquisadores com objetivos claros podem desenvolver e concluir seu trabalho dentro dos prazos estabelecidos, atendendo às expectativas iniciais. Na verdade, o correto seria dizer que é necessário ter um único e bem definido objetivo, do qual derivam objetivos secundários.

Quando o psicólogo e linguista Steven Pinker decidiu escrever um livro com o intuito de analisar a linguagem humana como instinto natural, resolveu ¼ dos seus problemas. O título do livro, aliás, expressa exatamente o seu objetivo central: *O instinto da linguagem*.

A pergunta sobre o objetivo principal de uma tese, de uma dissertação, de um livro ou de uma palestra deve estar respondida no título. Este livro que você tem em mãos intitula-se *Professores pesquisadores*, em coerência com minha intenção de defender o espírito de pesquisa como ingrediente necessário da formação docente.

Tendo em mente o objetivo principal da pesquisa, precisamos recorrer à teoria para poder alcançá-lo. O termo grego *theoria* pode ser traduzido por "ponto de vista". Teorizar é ver e entender. Não por acaso outra palavra grega, *theatron* (da qual provém o nosso "teatro"), refere-se também ao ato de ver e observar. A raiz grega nos dois casos é o verbo *theasthai*, isto é, "olhar", "ver", "contemplar".

Se o teatro é o lugar em que assistimos ao espetáculo, a teoria são os conceitos que iluminam nossa visão.

Uma pesquisa sem referenciais teóricos é apenas uma especulação pessoal. Podemos usar do nosso bom senso e do nosso realismo em lugar da teoria, mas, em termos práticos, isso significa permanecer no terreno movediço das opiniões.

"A DÚVIDA QUE SEMPRE MOTIVOU A MINHA PESQUISA FOI 'O QUE É UM ARTISTA?'".

(Sarah Thornton)

Os objetivos e a teoria necessitam, por sua vez, de dados empíricos. Sobre esses dados devem repousar nossas reflexões. Pensamentos descolados da experiência viva correm o risco de se dissolverem no ar. A teoria não atua sobre o vazio, e sim sobre aquilo que vemos, ouvimos, tocamos, sentimos.

Por mais brilhantes que sejam as nossas ideias, e motivadores os nossos objetivos, é nos fatos que encontraremos o chão firme para caminhar. O problemático é que a própria noção de "fato" suscita divergências. O chão não é sempre tão firme assim...

O fato deveria ser aquilo que independe de juízos, pressupostos e preconceitos. O fato deveria surgir sem a "contaminação" de quaisquer crenças subjetivas ou ideologias. No entanto, diferentes pensadores propõem diferentes concepções do que seja "fato". Os fatos parecem ficar imediatamente sobrecarregados da interpretação que todo o observador faz, assim que este entra em contato com os próprios fatos.

Não podemos, no momento, ir muito longe nessa discussão. Bastaria lembrar, porém, a afirmação contundente e irônica do filósofo Feuerbach de que fato é aquilo que desejamos considerar que seja fato.

Por último, uma boa pesquisa culmina num texto que reúne rigor e leveza, realismo e imaginação, profundidade e simplicidade.

Será considerada adequada a linguagem que não assuste os não especialistas e, ao mesmo tempo, atraia o respeito e a admiração dos especialistas.

SUGESTÃO

> Cresça em espírito de pesquisa lendo textos de grandes pesquisadores.

Plágio

Pesquisar, ler, refletir e escrever é trabalhoso, mas é recompensador.

Quem, de modo ilegítimo, deseja receber a recompensa sem dedicar horas e horas de sua vida para merecê-la pode cair na tentação de apresentar como de sua autoria o trabalho intelectual de outra pessoa.

E isso se chama plágio.

Nada justifica o crime de plágio. Em hipótese alguma podemos utilizar em nosso proveito textos de outros estudiosos, a menos que os transcrevamos entre aspas, mencionando a fonte de consulta.

As aspas indicam a cópia literal de uma expressão, de uma frase ou de um texto um pouco maior produzido por terceiros. Quando quero empregar uma expressão típica de outro autor, é um gesto de lisura usar as aspas. Se eu sei que a frase "a maioria de nós olha, mas o gênio enxerga" foi criada pelo jornalista estadunidense Eric Weiner, e consta do seu livro *Onde nascem os gênios*, devo destacar a frase e atribuí-la ao jornalista, mesmo que ninguém pudesse verificar quem é o verdadeiro dono da frase.

Na antiguidade romana, *plagium* era o crime de quem vendia como escravo alguém que não era de sua propriedade. Exagerando um pouco, podemos dizer que plagiar as ideias e palavras alheias é roubar um "pedaço" da inteligência de outro ser humano. É tentar, de certo modo, beneficiar-se covardemente de sua força de trabalho.

Sabe-se que entre os antigos pensadores gregos, filósofos e escritores plagiavam-se mutuamente. O estoico Crisipo de Solos, do século III a.C., teria escrito mais de 700 livros, copiando sem nenhum pudor textos e mais textos de seus contemporâneos. No entanto, todos sabiam que todos se copiavam!

"ROUBAR IDEIAS DE UMA PESSOA É PLÁGIO. ROUBAR IDEIAS DE MUITAS PESSOAS É PESQUISA."

(Steven Wright)

Plágio é apropriação indevida. É falta de ética. Os plagiadores sabem disso, e, por saberem, temendo ser flagrados com a boca na botija, lançam mão de estratégias sutis.

Em lugar de copiar *ipsis litteris* textos de um único autor, alguns plagiadores calejados selecionam fragmentos de diferentes fontes, invertendo os termos de uma frase, substituindo conjunções, excluindo adjetivos, advérbios, acrescentando outros, praticando, enfim, o que se costuma chamar de "plágio mosaico".

Outra estratégia consiste em traduzir para o português textos escritos em outros idiomas que se encontram na internet. O propósito é mascarar a origem desses textos, acreditando-se que ninguém perceberá a jogada. De fato, os autores estrangeiros e suas editoras dificilmente tomarão conhecimento desse "plágio traduzido".

Por outro lado, como o comediante Steven Wright insinua, nós "roubamos", ou melhor, assimilamos as ideias de muitos outros estudiosos, queiramos ou não. A leitura constante de dezenas, de centenas de obras, certamente nos inspira. Por imitação mais ou menos consentida, reproduzimos em nossos próprios textos aquilo que absorvemos da riqueza intelectual a que temos acesso.

Devemos, portanto, abominar o plágio, sem confundi-lo com a influência que aceitamos receber dos autores que se tornaram nossos mestres. É absolutamente normal que um pesquisador se deixe impregnar das ideias de outros autores, e faça citações indiretas e veladas que nossos pares, no entanto, reconhecerão facilmente como tais.

Também é normal que um pesquisador mimetize o estilo de escrita dos autores que admira.

SUGESTÃO

Acredite: é melhor ser plagiado do que plagiar.

Projeto

Para o filósofo Étienne Souriau, há uma diferença significativa entre projeto e esboço. Ambos estão no plano do inacabado, mas o projeto, ao contrário do esboço, traz consigo um valor motivador, uma ideia de realização.

Observando a etimologia da palavra "projeto" – em que a preposição latina *pro* ("diante de") se une ao verbo *jactare* ("lançar", "arremessar") –, percebemos que projetar é um lançar-se para a frente, em busca de um objetivo. Prometemos a nós mesmos e aos nossos pares concluir uma tarefa intelectual, que irá nos consumir bastante energia.

Além de ser antecipação um tanto ou quanto idealizada do que pretendemos realizar, o projeto deve indicar os passos concretos a serem dados, as etapas a serem vencidas: revisão da bibliografia, definição de hipóteses, coleta de dados, análise do material coletado, redação dos capítulos...

É esta combinação entre ideal e concretude que faz do projeto algo tão determinante para a vida de um pesquisador. Precisamos idealizar, projetar, e até mesmo sonhar, para sair do estágio atual. E precisamos concretizar, contabilizar, quantificar, para que o futurível se transforme em algo real, com as imperfeições naturais de qualquer obra.

Os projetos devem ser perfeitos, na medida em que, neles, imaginamos o que ainda não existe, mas devem, ao mesmo tempo, ser pragmáticos, relacionando os livros a serem lidos, decidindo que experimentos serão necessários, prevendo as entrevistas, viagens, visitas, custos, etc.

A distância entre o projeto concebido e o trabalho concluído será preenchido por alegrias e frustrações. O projeto de pesquisa "desenha" uma imagem que irá se transformar pouco a pouco num texto real. O projeto inicia o processo. E o processo será marcado tanto por agradáveis surpresas quanto por alguns desagradáveis fracassos.

Todo projeto guarda em si soluções e obstáculos.

"DOMINEI O TEMPO QUANDO O ANIMEI COM MEUS PROJETOS."

(Simone de Beauvoir)

Um projeto idealizado demais precisaria de uma liberdade absoluta para transformar-se em trabalho real. A nossa liberdade, contudo, está sempre recortada e condicionada. Pensemos, por exemplo, na concessão ou não de uma bolsa de pesquisa. Ou em situações de ordem particular que podem alterar nossa rotina existencial. Ou no cronograma do projeto que, mais cedo ou mais tarde, receberá uma "rasteira" da vida tal como ela é...

Nada disso, porém, deve nos desestimular. Ao contrário.

Todo projeto (mesmo que pareça um pouco lunático...) é o melhor modo de nos ajudar a enfrentar os "bombardeios" e "incêndios" do cotidiano. Com o nosso projeto de pesquisa em mãos, faremos o máximo possível, e o melhor possível, apesar do imprevisível!

Sem ilusões e sem medo das desilusões. "Qualquer projeto que termine com 60% realizado", dizia Millôr Fernandes, "é um milagre".

A antropóloga e escritora Mirian Goldenberg, em seu livro *A arte de pesquisar*, afirma que, num bom projeto de pesquisa, criamos dificuldades fecundas. Tais dificuldades irão motivar e direcionar a nossa curiosidade, desestabilizar os nossos comodismos mentais.

Por outra parte, com todo o realismo de uma pesquisadora experiente, Goldenberg faz um lembrete importante: nenhuma pesquisa é totalmente controlável e, por isso, por ser impossível prever tudo, devemos, no momento certo, repensar e reformular aspectos do nosso projeto, tornando-o exequível.

SUGESTÃO

> Projete, com a ambição dos sonhadores
> e com a prudência dos realistas.

Reflexão

Conforme vimos em outro capítulo, exercer a reflexão é sempre o mais importante na prática da pesquisa. E se, junto a isso, concordamos com Jung que se trata de nosso "instinto cultural por excelência", concluímos que os primeiros beneficiados de uma pesquisa reflexiva são os próprios pesquisadores.

Aumentando nossa capacidade de reflexão, nós nos preparamos para aqueles momentos mais difíceis da vida, quando nossa mente tem dificuldade para se fixar em algum assunto e nossa vontade vacila perante a necessidade de uma avaliação sensata e uma decisão correta.

O conhecimento humano não é apenas nossa principal "ferramenta" para resolver problemas. A reflexão confere à nossa vida uma qualidade inigualável. Tal qualidade é inata, como um instinto sofisticado, mas está sujeita ao aperfeiçoamento.

Uma característica essencial da reflexão, passível de desenvolvimento, é a concentração. Ao refletirmos sobre um tema específico, procuramos evitar a dispersão dos sentidos físicos, da imaginação e da memória. Algumas pessoas fecham os olhos. Outras, procuram um lugar silencioso. Existem, porém, pessoas que conseguem criar uma espécie de recinto fechado dentro de si mesmas, a despeito dos barulhos ao seu redor.

Concentrar-se é encontrar o centro, uma ideia central, em torno da qual vão sendo organizadas outras ideias e imagens. Se estou concentrado no tema principal de minha pesquisa, tudo o que surgir em minha mente será de algum modo relacionado a esse tema.

Sem dúvida, é muito mais fácil falar em concentração do que praticá-la. Sobretudo quando entram em cena questões emocionais. Daniel Goleman, em seu livro *Foco*, observa que até os mais focados se distraem no momento em que um redemoinho emocional, associado, por exemplo, a problemas de relacionamento, invade a sua mente.

"O VOZERIO E OUTROS RUÍDOS AO MEU REDOR JAMAIS INTERROMPEM MINHAS REFLEXÕES."

(Sêneca)

Outro traço essencial e definidor da reflexão é a autorreflexão. Nós conhecemos e sabemos que conhecemos. Voltamos nossa atenção para nossos atos internos, sobre o nosso pensar, crer, duvidar, recordar, julgar, etc. Refletindo sobre a nossa condição de seres reflexivos, elevamos nosso nível de consciência e lucidez, conforme nos faz ver o sociólogo e filósofo chileno Rafael Echeverría:

Somos seres reflexivos, capazes de fazer perguntas a nós mesmos, interpretar, buscar explicações. Como seres com capacidade de reflexão, nós pensamos, buscamos "razões" para dar conta de nossa experiência de vida. Como seres com capacidade de reflexão, refletimos também sobre a forma como refletimos, procurando formas mais efetivas de fazê-lo.

A essa altura, pedagógica e ontologicamente falando, alcançamos a Pesquisa com "P" maiúsculo, que possui três grandes objetivos.

O primeiro diz respeito à procura de um sentido para a vida. O autoconhecimento e a análise do nosso próprio comportamento nos fazem experimentar o que a filosofia clássica chama de "vida examinada". Esse autoexame nos revela caminhos possíveis de mudança e felicidade.

O segundo objetivo consiste em olhar para os demais, de modo especial para os nossos alunos. Precisamos desenvolver a capacidade de pensar nas outras pessoas como beneficiárias de nossa atividade de pesquisa.

Por último, cientes de que estamos vinculados a outros seres humanos e de que vivemos uma história comum, optamos pelos valores da colaboração e da solidariedade em favor de um futuro melhor para a humanidade.

SUGESTÃO

Reflita sobre a sua capacidade de refletir.

Teoria

Já vimos que a palavra grega *theoria* é traduzível pela expressão "ponto de vista". Outra possibilidade é "contemplação", com riquíssimos desdobramentos.

Contemplar é observar atentamente algo, alguém ou a si próprio. Uma pessoa contemplativa não está distraída. Em seu aparente desligamento, encontra-se profundamente atenta.

Um pesquisador contemplativo (teórico) retoma o comportamento intelectual de um Platão, que via na meditação e no estudo o melhor modo de uma pessoa preparar-se, não apenas para conhecer as coisas que existem, mas também para viver de modo ético e criativo.

Dizia um famoso político francês que não se considerava um teórico, mas uma pessoa concreta. Jamais perdia seu tempo com discussões sobre ideias e conceitos. Sua proposta de vida estava calcada no realismo do trabalho. O negócio dele era agir.

No entanto, para negar uma teoria é preciso formular uma teoria.

A teoria do "realismo do trabalho", atacando a necessidade de criarmos teorias, defende uma atividade com menos reflexão. O que significa dizer que outros pensarão no lugar daqueles que estão com a mão na massa. Em nome do "realismo do trabalho", a ideia é manter intactas certas circunstâncias.

Teorias contrárias à ideia de se ter uma teoria são, em conclusão, teorias contraditórias ou, pior ainda, cínicas.

"MINHA TEORIA É A SEGUINTE: O JOGADOR DE FUTEBOL QUE NUNCA LEVOU UM PÉ NA CARA AINDA NÃO AMADURECEU PARA OS GRANDES TRIUNFOS."

(Nelson Rodrigues)

Professando sua fé na capacidade teorética do ser humano, o sociólogo e professor Manuel Castells escreveu:

> *Creio na racionalidade e na possibilidade de apelar para a razão, sem endeusá-la. Creio nas possibilidades da ação social significativa e da política transformadora, sem que nos vejamos necessariamente arrastados pelas utopias absolutas. Creio no poder libertador da identidade, sem aceitar a necessidade de sua individualização ou sua apropriação pelo fundamentalismo [...]. E creio, sim, apesar de uma longa tradição de erros intelectuais, por vezes trágicos, que observar, analisar e teorizar é um modo de ajudar a construir um mundo diferente e melhor. Não porque proporcionará as respostas, que serão específicas para cada sociedade e encontradas por seus próprios atores sociais, mas propondo algumas perguntas relevantes.*

Theoria, em grego, aceita ainda uma curiosa tradução: "olhar de modo participativo".

Na antiguidade, os *theoroi* ("olheiros", ou "olhadores") eram encarregados por um conglomerado político a participarem de festas religiosas de outros conglomerados. Também poderiam ser enviados com a missão de consultar oráculos estrangeiros.

Esse tipo de teoria sugere uma busca ativa de aprendizado para além dos limites do conhecido. Teóricos dispostos a desbravar novos campos do conhecimento precisam desenvolver sua capacidade de observação e assimilação, que desemboca em criação.

O criador da escola psicanalítica da psicologia do self, Heinz Kohut, comentava:

> *Grandes descobertas científicas não descrevem simplesmente fenômenos preexistentes, mas dão ao mundo uma forma nova, ou de ver a importância de tais fenômenos, ou de ver a relação que têm um com o outro; e um grande cientista que faz uma descoberta pioneira pode canalizar o desenvolvimento científico numa direção específica, assim como um gênio artístico que cria um novo estilo pode assim determinar a direção em que seu campo artístico se desenvolverá.*

SUGESTÃO

Crie teorias para enxergar mais longe e melhor.

Tese

Em sentido estritamente acadêmico, a tese é um trabalho de pesquisa realizado com o intuito de se obter o doutorado.

Se o tema foi bem delimitado, se o referencial teórico é adequado, se a bibliografia pertinente e atualizada está disponível, se há condições para a coleta dos dados necessários, se há tempo suficiente para ler, refletir e redigir, é possível produzir uma boa tese dentro do prazo previsto.

Na visão do professor Clóvis Ultramari, "uma boa tese requer duas grandes paixões: uma pela temática com a qual se decidiu pesquisar e tê-la como companheira por anos a seguir, outra pela escrita". De fato, pesquisar sobre questões que não nos entusiasmam é malhar em ferro frio. E, se não há um mínimo gosto pela arte de escrever, pela luta com as palavras, não é difícil que a pesquisa jamais chegue à etapa final da defesa.

Essas duas paixões são indispensáveis, mas eu acrescentaria uma lista de nove qualidades mencionadas por Antonio Carlos Gil, autor do livro *Como elaborar projetos de pesquisa*. São elas: conhecimento do tema escolhido, curiosidade, criatividade, honestidade intelectual, atitude autocorretiva, sensibilidade social, imaginação disciplinada, paciência perseverante e confiança na experiência.

E destacaria dessa lista duas qualidades: a paciência perseverante e a atitude autocorretiva.

Quando surgem as dificuldades inerentes a uma pesquisa mais profunda, precisamos dessa paciência perseverante, para seguir passo a passo, vencendo o cansaço e o eventual desânimo. Certamente, nessas horas mais difíceis, é de grande ajuda também a palavra de um orientador experiente e o apoio dos familiares, amigos e colegas.

Quanto à atitude autocorretiva, espera-se que um pesquisador tenha crescido em autonomia ao longo de sua formação, e saiba decidir o que deve fazer... ou refazer.

"AS TESES SÃO TODAS MARAVILHOSAS. EM TESE."

(Mario Prata)

Finalmente, embora tenhamos liberdade para escolher o tema de nossas teses, cabe essa orientação de dois experientes pesquisadores, Christian Laville e Jean Dionne, no livro *A construção do saber*:

> *Um problema não merece uma pesquisa se não for um "verdadeiro" problema – um problema cuja compreensão forneça novos conhecimentos para o tratamento de questões a ele relacionadas. Poder-se-ia ter curiosidade em saber o que teria acontecido se o Brasil tivesse sido colonizado*

pelos holandeses e não pelos portugueses, ou supor o futuro do mundo se, de repente, não existissem mais crianças, ou calcular as economias possíveis no sistema escolar se se retirassem os professores e se suprimissem os exames, e para tais problemas imaginar dados possíveis. Essas questões, poder-se-ia argumentar, serviriam para aguçar nossa capacidade de imaginação – o que não é dispensável a um pesquisador –, mas provavelmente pouco serviriam para aumentar a bagagem de conhecimentos úteis à compreensão de um dado fenômeno e ao seu equacionamento.

De certo modo, neste último capítulo, recuperamos uma questão crucial deste livro: a pesquisa como ocasião e instrumento de autoaprimoramento docente, com uma autêntica preocupação com a realidade educacional e, mais concretamente, com a formação dos estudantes brasileiros.

Professores que se tornam bons pesquisadores, que ampliam seus interesses intelectuais, crescem como educadores.

Pesquisadores dedicados aos seus projetos, atentos à realidade social, atentos aos problemas educacionais, podem tornar-se excelentes professores.

SUGESTÃO

Transforme a sua tese num propósito de vida.

Conclusão

A vontade de conhecer nasce conosco. Uma criança pequena demonstra bem cedo, com suas indagações e reações ao entorno, que pertence ao mundo complexo, inquietante, das criaturas que fazem pesquisa.

Mais do que *homo sapiens* (seres que sabem), somos *homo quaerens* (seres que procuram), seres que fazem perguntas sobre tudo, e que perguntam a si mesmos por que fazem tantas perguntas!

A antropologia filosófica distingue as diferentes (mas complementares) dimensões do ser humano. Somos *homo loquens* (seres comunicativos), *homo socialis* (seres sociáveis), *homo juridicus* (seres com direitos e deveres), *homo ludens* (seres que jogam o jogo da vida), etc. Enquanto *homo quaerens*, saímos de nossas bolhas em busca de respostas.

À medida que abrimos caminhos de pesquisa, crescemos por dentro e por fora. Quanto mais reflexivos nos tornamos, mais atentos com relação ao mundo. Quanto mais nos aproximamos dos antigos pensadores, mais pensamos no futuro. Quanto mais descobertas realizamos, mais entusiasmados com as possibilidades da mente humana.

Os capítulos deste livro giram em torno de uma única ideia. Educar para a pesquisa. Educar pela pesquisa.

Pesquisar a educação. Pesquisar em que consiste uma pesquisa. Pesquisar como se ensina alguém a pesquisar. Ensinar a nós mesmos a pesquisarmos.

O paradoxo da educação repete-se mais uma vez. Somos pesquisadores natos. Nascemos para aprender, mediante a pesquisa. E ao mesmo tempo é necessário que aprendamos a pesquisar.

A filósofa e educadora Viviane Mosé, no livro *A escola e os desafios contemporâneos*, fez um breve, mas certeiro elogio à pesquisa:

> *Um astrônomo do Observatório Nacional me disse que, para observar o céu no telescópio, para ver o universo, era preciso criar uma direção, um modelo, senão nos perderíamos na imensidão e no nada. Penso que isso serve para uma pequena biblioteca, mas serve ainda mais para a democracia da informação, que parece se sustentar em uma absorção desordenada de dados que não leva à reflexão, condição inerente a toda pergunta, e termina por se perder no vazio. No bombardeio de informações que caracteriza nosso tempo, é urgente saber selecionar, saber pesquisar, e para isso é preciso definir direções, estabelecer metas, ou seremos engolidos pelo excesso de dados que todos os dias nos chegam.*

Vários pensadores do nosso tempo procuram metáforas que expressem o excesso avassalador de informações irrelevantes ou abertamente destrutivas.

Viviane Mosé fala em "bombardeio de informações". O filósofo sul-coreano Byung-Chul Han diz que estamos nos afundando numa "selva de informações inescrutáveis". O escritor David Foster Wallace usava a expressão "tsunami de informações". O neologismo "infodemia", surgido recentemente, aponta para um jorro incontrolável de teorias conspiratórias, falsas informações e boatos que afoga nossa inteligência e desestabiliza nossa saúde emocional.

Em contrapartida, de modo positivo, acreditando numa dose maior de discernimento em nossas navegações internéticas, o pedagogo espanhol Ángel Pérez Gómez refere-se a um "depósito inesgotável de informações" que encontramos na vida digital e que pode ser usado a nosso favor.

De qualquer forma, para muitos de nós, sobretudo para as novíssimas gerações, não existe mais distinção entre vida *on-line* e vida *off-line*. Chegará o tempo em que a maior parte da humanidade estará conectada dia e noite, ininterruptamente? Aliás, tal pergunta não revelaria apenas a nossa ingenuidade perante o fato consumado, ou a consumar-se? Já poderíamos, então, para não parecer ingênuos, incluir em nossa lista antropológica a dimensão do *homo connectus*, a do ser humano conectado *full time*?

Numa visão que beira o delírio, mas é também sintoma de nossa confiança numa tecnologia onipotente, o cientista, inventor e pesquisador russo-americano Alexander Bolonkin, falecido em 2020, escreveu sobre a possibilidade de vencermos a morte convertendo a mente consciente de um ser humano numa forma de vida eletrônica. Criaremos, afirmava ele, um *e-being* (um ser humano eletrônico), que não precisará de comida, nem de oxigênio, nem de sono, nem de moradia. Seu cérebro funcionará graças a chips e baterias de altíssima qualidade. Seu corpo será feito de um material praticamente indestrutível. Poderá viajar no espaço sideral e caminhar no fundo do mar. Será imortal, além de acumular em sua memória uma quantidade inimaginável de informações e ter acesso a tudo o que for publicado, postado ou transmitido pela humanidade.

Trata-se de um delírio do genial professor Bolonkin? De um exercício de futurologia? Ficção? Ciência?

Precisamos pesquisar esse tema também, e escrever uma tese.

Bibliografia

ABRANTES, José. *Fazer monografia é moleza: o passo a passo de um trabalho científico*. Rio de Janeiro: WAK, 2007.

ADLER, Mortimer J. *Como pensar sobre as grandes ideias*. Tradução de Rodrigo Mesquita. São Paulo: É Realizações, 2013.

ADORNO, Theodor W. *As estrelas descem à Terra – a coluna de astrologia do* Los Angeles Times: *um estudo sobre superstição secundária*. Tradução de Pedro Rocha de Oliveira. São Paulo: Unesp, 2008.

AGOSTINHO, Santo. *Comentários a são João I: evangelho (homilias 1-49)*. Tradução de Nair de Assis Oliveira e Luciano Rouanet Bastos. São Paulo: Paulus, 2022.

ARENDT, Hanna. *A condição humana*. Tradução de Roberto Raposo. 12. ed. Rio de Janeiro: Forense Universitária, 2014.

ARROYO MOLINER, Liliana. *Tú no eres tu selfi: 9 secretos digitales que todo el mundo vive y nadie cuenta*. Tradução de Nàdia Grau Andrés. Lérida (Espanha): Milenio, 2020.

BAUMAN, Zygmunt. *Medo líquido*. Tradução Carlos Alberto Medeiros. Rio de Janeiro: Zahar, 2008.

BEAUD, Michel. *Arte da tese: como redigir uma tese de mestrado ou de doutorado, uma monografia ou qualquer outro trabalho universitário*. 4. ed. Rio de Janeiro: Bertrand Brasil, 2002.

BECKER, Howard S. *Truques da escrita: para começar e terminar teses, livros e artigos*. Tradução de Denise Bottmann. São Paulo: Zahar, 2015.

BLOCH, Pedro. *Dicionário de humor infantil.* 3. ed. Rio de Janeiro: Ediouro, 1998.

BOLONKIN, Alexander. *Universe, human immortality and future human evaluation.* London: Elsevier, 2012.

CASTELLS, Manuel. *La era de la información: economía, sociedad y cultura. La sociedad red.* 2. ed. Madrid: Alianza, 2000.

CAVALLO, Guglielmo; CHARTIER, Roger (Orgs.). *História da leitura no mundo ocidental.* Tradução de Fulvia M. L. Moretto, Guacira Marcondes Machado e José Antonio de Macedo Soares. São Paulo: Ática, 2002. v. 1.

CHESTERTON, Gilbert K. *The barbarism of Berlin.* United Kingdom: Cassell, 1914.

COMPAGNON, Antoine. *O trabalho da citação.* Tradução de Cleonice P. B. Mourão. Belo Horizonte: Editora UFMG, 1996.

COMTE-SPONVILLE, André. *Dicionário filosófico.* Tradução de Eduardo Brandão. São Paulo: Martins Fontes, 2003.

CONDILLAC, Étienne Bonnot de. *Oeuvres complètes de Condillac: cours d'études pour l'instruction du Prince de Parme – l'art de penser.* Paris: Imprimerie de Ch. Houel, 1798. t. VI.

DEMO, Pedro. *Conhecimento moderno: sobre ética e intervenção do conhecimento.* Petrópolis (RJ): Vozes, 1997.

EBNER-ESCHENBACH, Marie von. *Aphorisms.* Riverside: Ariadne Press, 1994.

ECHEVERRÍA, Rafael. *Ontología del lenguaje.* 6. ed. Santiago (Chile): J. C. Sáez, 2003.

FAZENDA, Ivani C. (Org.). *Didática e interdisciplinaridade.* Campinas: Papirus, 1998.

FERNANDES, Millôr. *Millôr definitivo: a bíblia do caos.* Porto Alegre: L&PM, 1994.

FERNANDES, Millôr. *Trinta anos de mim mesmo.* Rio de Janeiro: Nórdica, 1972.

FEUERBACH, Ludwig. *A essência do cristianismo*. Tradução de José da Silva Brandão. Petrópolis (RJ): Vozes, 2007.

FISCHER, Luís Augusto. *Filosofia mínima: ler, escrever, ensinar, aprender*. Porto Alegre: Arquipélago, 2011.

FREITAS, Maria Ester de. *Viva a tese! Um guia de sobrevivência*. 2. ed. Rio de Janeiro: Editora FGV, 2002.

GARCIA, Othon Moacir. *Comunicação em prosa moderna: aprenda a escrever, aprendendo a pensar*. 27. ed. Rio de Janeiro: Editora FGV, 2010.

GARDNER, Howard. *O verdadeiro, o belo e o bom redefinidos: novas diretrizes para a educação no século XXI*. Tradução de Nivaldo Montingelli Jr. Rio de Janeiro: Rocco, 2012.

GIL, Antonio Carlos. *Como elaborar projetos de pesquisa*. 6. ed. São Paulo: Atlas, 2017.

GIMENO SACRISTÁN, José (Org.); PÉREZ GÓMEZ, Ángel. *Educar por competências. O que há de novo?*. Tradução de Carlos Henrique Lucas Lima. Porto Alegre: Artmed, 2011.

GOLDENBERG, Mirian. *A arte de pesquisar: como fazer pesquisa qualitativa em Ciências Sociais*. 8. ed. Rio de Janeiro: Record, 2004.

GOLEMAN, Daniel. *Foco: a atenção e seu papel fundamental para o sucesso*. Rio de Janeiro: Objetiva, 2014.

GRAFTON, Anthony. *As origens trágicas da erudição: pequeno tratado sobre a nota de rodapé*. Campinas: Papirus, 1998.

HAN, Byung-Chul. *Infocracia: digitalização e a crise da democracia*. Tradução de Gabriel S. Philipson. Petrópolis (RJ): Vozes, 2022.

JAFFÉ, Aniela. *Os últimos anos de Carl G. Jung: ensaios sobre sua vida e obra na maturidade*. Tradução de Margit Martincic. 2. ed. São Paulo: Cultrix, 2022.

JAPIASSU, Hilton. *Interdisciplinaridade e patologia do saber*. Rio de Janeiro: Imago, 1976.

KENSKI, Vani Moreira. *Tecnologias e ensino presencial e a distância*. 8. ed. Campinas: Papirus, 2010.

KOHUT, Heinz. *The analysis of the self*. New York: International Universities Press, 1971.

LAVILLE, Christian; DIONNE, Jean. *A construção do saber: manual de metodologia da pesquisa em ciências humanas*. Tradução de Heloisa Monteiro e Francisco Settineri. Porto Alegre: Artmed; Belo Horizonte: Editora UFMG, 1999.

LIBANIO, João Batista. *Introdução à vida intelectual*. 2. ed. São Paulo: Loyola, 2002.

LÓPEZ QUINTÁS, Alfonso. *La mirada profunda y el silencio de Dios: una antropología dialógica*. Madrid: Publicaciones Universidad Francisco de Vitoria, 2019.

MARÍAS, Julián. *Antropologia metafísica: a estrutura empírica da vida humana*. Tradução de Diva Ribeiro de Toledo Piza. São Paulo: Duas Cidades, 1971.

MONDOLFO. Rodolfo. *Problemas y métodos de la investigación en historia de la filosofía*. Tucumán: Universidad Nacional de Tucumán, 1949.

MONTERO, Teresa. *À procura da própria coisa: uma biografia de Clarice Lispector*. Rio de Janeiro: Rocco, 2021.

MORIN, Edgar. *Os sete saberes necessários à educação do futuro*. Tradução de Catarina Eleonora da Silva e Jeanne Sawaya. 5. ed. São Paulo: Cortez; Brasília (DF): Unesco, 2002.

MOSÉ, Viviane. *A escola e os desafios contemporâneos*. Rio de Janeiro: Civilização Brasileira, 2013.

NICOLELIS, Miguel. *O verdadeiro criador de tudo: como o cérebro humano esculpiu o universo como nós o conhecemos*. São Paulo: Planeta, 2020.

NUNES, Edson de Oliveira (Org.). *A aventura sociológica: objetividade, paixão, improviso e método na pesquisa social*. Rio de Janeiro: Zahar, 1978.

ORTEGA Y GASSET, José. *A rebelião das massas*. Campinas: Vide, 2016.

OSTROWER, Fayga. *Criatividade e processos de criação*. 15. ed. Petrópolis (RJ): Vozes, 2001.

PENNAC, Daniel. *Diário de escola*. 2. ed. Tradução de Leny Werneck. Rio de Janeiro: Rocco, 2008.

PEREC, Georges. *Espèces d'espaces*. Paris: Galilée, 1974.

PESSOA, Fernando. *Obra poética*. 3. ed. Rio de Janeiro: Nova Aguilar, 1969.

PETERSON, Jordan. *12 regras para vida: um antídoto para o caos*. Tradução de Wendy Campos e Alberto G. Streicher. Rio de Janeiro: Alta Books, 2018.

POINCARÉ, Henri. *A ciência e a hipótese*. Tradução de Maria Auxiliadora Kneipp. Brasília: Editora UnB, 1985.

ROBINSON, Ken. *Escolas criativas: a revolução que está transformando a educação*. Tradução de Luis Fernando Marques Dorvillé. Porto Alegre: Penso, 2009.

ROGERS, Carl. *Tornar-se pessoa*. 2. ed. Tradução de Manuel José do Carmo Ferreira. São Paulo: Martins Fontes, 1977.

SAGAN, Carl. *Bilhões e bilhões: reflexões sobre vida e morte na virada do milênio*. Tradução de Rosaura Eichenberg. São Paulo: Cia. das Letras, 1998.

SALOMON, Délcio Vieira. *Como fazer uma monografia*. 11. ed. São Paulo: Martins Fontes, 2004.

SARTORIUS, Nicolás. *La manipulación del lenguaje: breve diccionario de los engaños*. Barcelona: Espasa, 2018.

SCHULZ, Kathryn. *Being wrong: adventures in the margin of error*. Nova York: Harper Collins, 2010.

SEVERINO, Antonio Joaquim. *Metodologia do trabalho científico*. 23. ed. rev. atual. 6. reimpr. São Paulo: Cortez, 2011.

SIRE, James W. *Dando nome ao elefante: cosmovisão como um conceito*. Tradução de Paulo Zacharias e Marcelo Herberts. 2. ed. Brasília: Monergismo, 2019.

SOURIAU, Étienne. *Vocabulaire d'esthétique*. 2. ed. Paris: Quadrige/PUF, 2004.

STEIN, Murray. *No meio da vida: uma perspectiva junguiana*. Tradução de Paula Maria Dip. São Paulo: Paulus, 2007.

SUASSUNA, Ariano. *Iniciação à estética*. 12. ed. Rio de Janeiro: José Olympio, 2012.

TAGORE, Rabindranath. *The complete works of Rabindranath Tagore*. New Delhi: General Press, 2017.

ULTRAMARI, Clóvis. *Como não fazer uma tese*. Curitiba: PUCPRESS, 2016.

WUNENBURGER, Jean-Jacques. *O homem na era da televisão*. Tradução de Miriam Campolina Diniz Peixoto. São Paulo: Loyola, 2005.

ZÓBEL, Fernando. *Cuaderno de apuntes*. Sevilla: Gráficas del Sur, 1974.

Projeto da coleção

A coleção O valor do professor, concebida por Gabriel Perissé, é composta por 12 títulos, que abrangem diversas dimensões da realidade profissional dos professores e gestores educacionais:

Uma pedagogia do corpo	Corpo
Educação e espiritualidade	Espiritualidade
Penso, logo ensino	Inteligência
Leituras educadoras	Leitura
Falar bem e ensinar melhor	Oratória
Professores pesquisadores	Pesquisa
Convivência, política e didática	Política
Liderança: uma questão de educação	Liderança
Educação e sentido da vida	Sentido da vida
Educação financeira e aprendedorismo	Dinheiro e trabalho
As virtudes da educação	Ética
Ensinar com arte	Estética

O projeto editorial conjuga-se a um programa de formação docente continuada, individual ou coletiva, adaptável às condições concretas de uma escola, de uma universidade, de uma rede municipal de educação, de um sistema de ensino.

Baseada nos parâmetros e princípios da educação humanizadora, a formação integral e contínua propicia a nossos professores a autocompreensão e o decorrente aperfeiçoamento pessoal e profissional.

A proposta completa consiste em abordar os temas acima, ao longo de um a dois anos, em oficinas e/ou palestras, para que a reflexão em grupo sobre a realidade profissional dos professores leve à adoção consciente de atitudes que renovem pessoas e ambientes.

Informações adicionais

site www.gabrielperisse.com

lattes http://lattes.cnpq.br/4420556922540257

e-mails perissepalestras@uol.com.br

lerpensareescrever@hotmail.com

gentejovemeducacional@gmail.com

Este livro foi composto com tipografia Adobe Garamond Pro
e impresso em papel Off-White 80 g/m² na Formato Artes Gráficas.